Happy days for you

Viele kleine Glücksrezepte

Herausgegeben von Anton Lichtenauer

HERDER

FREIBURG · BASEL · WIEN

Gedruckt auf umweltfreundlichem,
chlorfrei gebleichtem Papier

Originalausgabe

www.herder.de
Herstellung: fgb · freiburger graphische betriebe 2003
www.fgb.de
Umschlaggestaltung und Konzeption:
R·M·E München / Roland Eschlbeck, Liana Tuchel
Umschlagmotiv: Andy Warhol, Flower, 1986.
Synthetic polymer paint and silkscreen. Ink on canvas 20 x 16.

ISBN 3-451-07025-1

Inhalt

Vorwort

von Anton Lichtenauer

Glück ist … zum Beispiel wie Andy Warhols Blume auf dem Umschlag dieses Buches – einfach, gelöst, beschwingt und duftig: die Leichtigkeit des Seins.

Es kann leise, aber auch mit vollem Sound daherkommen, so wie der berühmte Soul-Song „Oh happy day“ – ein starkes Gefühl, das alles umschließt.

Es kann das Herz höher schlagen lassen und den ganzen Menschen „durchrütteln“. Es gibt ausgelassenes Glück. Es kann aber auch Ruhe, Zufriedenheit, Wohlbefinden, harmonisches Einssein bedeuten. Immer gilt: Wer glücklich ist, ist freundlich – sich selber und der Umwelt gegenüber.

Glück ist die Fülle des Positiven. Es hat einen Duft und einen Klang. Diesem Duft und solchem Klang spürt dieses kleine Buch nach – auf vielen Wegen. Manchmal ganz konkret, manchmal grundsätzlicher, oft persönlich und direkt.

Gerade jetzt – nicht irgendwann – ist der Moment des Glücks. Es geht nicht unbedingt darum, viel zu tun – vielleicht braucht man manches nur zu lassen. Die Möglichkeiten zum Glück sind da – man muß sie nur ergreifen. Oder sich ergreifen lassen.

Wie wird man glücklich?

Und wie bleibt man es?

Daß das Glück Flügel hat und launisch ist, das ist sprichwörtlich. Moderne Lebensberater empfehlen gegen solche Unsicherheiten: Versicherungen abschließen. Die in der Vergangenheit über das kleine und das große Glück nachgedacht haben, empfehlen Unterschiedlichstes und Widersprüchliches: Genießen oder sich erst gar nicht interessieren für den Genuß. Sie raten, das Glück innen oder außen zu suchen. Sich am Besitz zu freuen oder lieber nicht darauf bauen. Die einen empfehlen den Rückzug auf die „kleine Lustfabrik der Person" (Musil). Heinrich Heine zugeschrieben ist das unfromme Gebet: „Gesundheit nur – und Geldzulage verlang ich, Herr!" Und es gab sogar Denker wie Tschuangtse, der behauptet, das vollkommene Glück sei die Abwesenheit von Glück. Aber daß goldene und rosarote Seifenblasen schöner sind als graue Seifenlauge, und erfüllte Wünsche schöner als Schmerzen, das sagen auch Pessimisten.

Daß die hier gesammelten Vorschläge für das Glück so vielfältig sind, zeigt: Menschen sind verschieden. Jeder kann – zum Glück – seinen eigenen Weg finden. Laßt 1000 Blumen blühen!

Viele haben zu diesen Inspirationen beigetragen – große Geister und kleine Lebenskünstler. Lebensweisheiten, die sprichwörtlich geworden sind, sind dabei und Einsichten, die Allgemeingut wurden. Manche sind jahrhundertealt. Und alle eignen sich auch für das neue Jahrtausend.

Natürlich gibt es Glück nicht auf Rezept. Man kann es so wenig erzwingen wie Schlaf. Aber etwas gilt: Aufmerksam bleiben auf Gelegenheiten, die das Leben uns bietet. Es ist eine Entdeckungreise. Glück ist kein Ziel am Ende einer Reise. Es ist die Art zu reisen. In diesem Sinn: Glückliche Reise!

Sich verwöhnen und genießen

Die guten Dinge
sind nicht nur für die
Spitzbuben da.
(Karl Rahner)

Keiner wird unglücklich,
wenn er sich selber zuviel Gutes tut.
Keiner hat sein Glück gemacht,
der es nicht auch jetzt genießen kann.
Wer etwas leistet, darf sich etwas leisten.
Und wer sich etwas leistet, sollte sich
auch mit gutem Gewissen daran freuen:
Glück ist eine Daseinsform.

Lebensweisheit aus Indien:
„Nach Reichtum zu streben
und nicht imstande zu sein,
sich daran zu erfreuen,
ist wie ein Glatzkopf,
der Kämme sammelt.“

Genießen ist im Plan der Schöpfung vorgesehen. Im Talmud steht der Satz:
„Ein Sünder ist,
wer sich durch Enthaltung selbst quält.
Und ein doppelter Sünder ist,
wer sich der göttlichen Gaben enthält."

Nicht etwas zu besitzen, sondern etwas zu genießen macht glücklich. In der Bibel heißt es:
„Siehe, was ich als Bestes ersehen habe:
daß es schön ist, zu essen und zu trinken
und es sich wohl sein zu lassen, bei all der Mühe, womit einer sich plagt unter der Sonne, die wenigen Tage seines Lebens, die Gott ihm gegeben." (Prediger 5, 17)

Die eigenen Bedürfnisse
selbst entdecken.
Sich klar werden, worauf man Lust hat
und was einem guttut.
Und sich Gutes wirklich auch antun:
„Die Fähigkeit,
es sich selbst gutgehen zu lassen,
ist der Mut,
die eigenen Bedürfnisse ernst zu
nehmen.“
(Jennifer Louden)

Ballast abwerfen:
„Ich habe kein Recht, fröhlich zu sein. Bei all dem Elend in der Welt – wie kann ich da glücklich sein?"
Richtig ist:
Wir sind für das Glück geschaffen.
Du bist für das Glück geschaffen.
Für jeden ist genügend da.

Glück ist unerschöpflich. Wie in der Kindheitserinnerung: Egal wie viel von meiner Lieblingsspeise ich schon genommen hatte – es gab immer noch einen Nachschlag.

Gönn anderen etwas
und verwöhn dich selbst –
verschwenderisch.
Später bedauert man, wenn man sich selber nichts gegönnt hat. Großzügigkeit hat noch keiner bereut.

„**E**s ist nicht einfach, das Glück in uns selbst zu finden, und es ist unmöglich, es anderswo zu finden" (Agnes Repplier). Nur wer sich selber liebt, kann auch andere wirklich glücklich machen. Zu anderen gut sein ist wichtig. Aber mindestens ebenso wichtig ist, sich selbst zu lieben. Zeig dir selbst, daß du dich magst.

Gönn dir vor allem etwas Gutes,
wenn du dich schlecht fühlst.
Chinesische Weisheit:
„Eine einzige Freude
vertreibt hundert Betrübnisse."

Denke gut von dir.
Vergegenwärtige,
was dir an dir selbst gefällt:
deine Augen,
dein Charme,
dein neues Kleid,
deine Kunst, Briefe zu schreiben,
die Fähigkeit, die Welt positiv zu sehen.
Sei dankbar für jede Kleinigkeit,
die dir einfällt.

Glücksgefühle verhindern Herzattacken.
Lachen kräftigt die Lungen.
Liebe macht die Augen strahlend.
Und jedes Lächeln tut der Haut gut.

Jeden Tag mindestens zehn Minuten nur für sich selber aufwenden. Ganz ohne schlechtes Gewissen:
Eine Massage.
Ein Spaziergang.
Meditieren.
Ein Glas Tee allein.
Was auch immer.

Sich selbst positiv sehen.
In den Spiegel schauen
und sich laut etwas Freundliches sagen:
„Hallo, mein Lieber!"
Oder: „Guten Morgen, du Schöne!"

Eine private Kneipp-Kur: Barfuß über den Morgen-Tau der Wiese gehen.

Den Tag mit einem guten,
langen Frühstück beginnen.
Mit Obst und Saft,
mit Zeitung,
Musik
und allen Köstlichkeiten,
die der Kühlschrank hat.
Blumen auf dem Tisch.

Sich Anregungen schon nach dem Aufstehen aus der Dichtkunst holen. Zum Beispiel von Robert Walser: „Frühmorgens erquickt sich meine Daseinslust an feinstem holländischem Kakao.“

Sich gut angezogen fühlen.
Und spüren, daß die anderen das wahrnehmen.

Sich zwischendurch einen Festtag gönnen. Farbe suchen. Das Grau des ewigen Einerlei durchbrechen. Sich selber überraschen. Sich ewas gönnen, auch wenn es nicht eingeplant war. „Dieselben Dinge *täglich* bringen uns um.“ (Ernst Bloch) Offen sein für den heutigen Tag: Abwechslung heißt die Glücksdevise.

Die Genüsse dosieren.
„Nicht jeden Durst gleich löschen,
nicht in vollklimatisierten Räumen leben,
nicht in den ewigen Frühling ziehen,
nicht alle Genüsse gleichmäßig übers Jahr
verteilen.“ (Wolf Schneider)

Ein paar Minuten am Tag reservieren, um ganz bewußt zu schweigen. Auf den Klang der Stille hören. Es kann wie Musik sein.

Nahrung für die Seele –
das ist auch alles, was du selber mit Liebe und Phantasie gekocht hast. Nimm dir Zeit dafür.

Die zwei einzig wirklich notwendigen
Dinge für die Menschheit:
das Essen und die Liebe.
Falls es eines von ihnen nicht mehr gäbe,
würden wir aussterben.
Liebe braucht Zeit.
Und Essen braucht Zeit.
Sei bei der Liebe weder gierig
noch zu hastig.
Und bereite auch das Essen mit Liebe zu.
Laß dir Zeit, zu genießen.

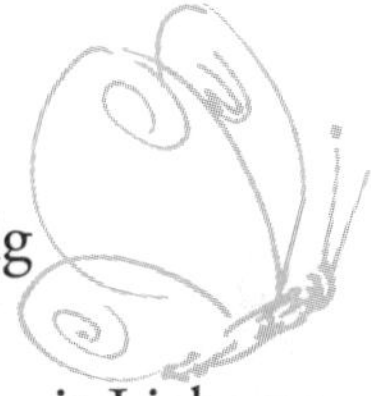

Gut essen ist Lebens-Kunst. Als Feinschmecker hat Gioacchino Antonio Rossini diese Wahrheit lustvoll intoniert: „Der Magen ist der Dirigent, der das große Orchester unserer Leidenschaften leitet und aktiviert. Den leeren Magen stellt das Fagott dar, das das Mißvergnügen brummend intoniert, oder die Pikkoloflöte, die das Verlangen hinausschreit. Der volle Magen hingegen ist die Triangel des Vergnügens oder die Kesselpauke der Freude."

Über einen Bauernmarkt im Süden schlendern – mit viel Zeit, schnuppernder Nase, offenen Augen und gutem Appetit. Und das Menü für den Abend komponieren.

Chinesisch essen gehen – und mit den Stäbchen üben. Das steigert die Geduld, übt die Achtsamkeit und macht allen Vergnügen. Sogar den Kellnern.

Überhaupt: asiatisch essen. Ein Festtag für die Zunge: süß und sauer, bitter und scharf – mit Lust und Neugier alles schmecken.

Neue Rezepte kreieren. „Die Entdeckung einer neuen Speise trägt mehr zur Glückseligkeit des menschlichen Geschlechts bei als die Entdeckung eines neuen Kometen.“ (Johann Konrad Friederich)

Ein gutes Essen in die Länge ziehen: genüßlich kauen. Jeder Bissen voller Köstlichkeit. Langsamkeit kann sinnlich sein – und lecker.

Glück – die Kunst von Wiederkäuern. Genieße ein gutes Essen. Bissen für Bissen. Schmecke nach. Teile mit den anderen. Und bedank dich – und sei es in Gedanken – bei dem, der die Zeit investiert hat, damit es so gut wurde.

Ein Tropfen Glück ist mehr als ein Faß Geist, sagen die alten griechischen Philosophen. Ein guter Tropfen oder ein volles Faß zur rechten Zeit – das tut dem Geist gut und steigert das Glück.

Laß dir Zeit, viel Zeit,
für ein Glas Wein –
in kleinen, langsamen Schlucken.
Aber schluck nicht nur.
Mach es wie die alten Winzer:
Riech seine Blume.
Betrachte ihn im Glas.
Schmeck ihn.
Schlürf ihn.
Und dann erzähl den andern,
wie du ihn geschmeckt hast.

Frisches Wasser trinken. Es ist köstlich und auch in größeren Schlucken sehr gesund: „Es ist in Ordnung, zu trinken, wie ein Fisch solange Sie trinken, was ein Fisch trinkt.“ (Mary Poole)

In einen ausgereiften Apfel beißen, nicht zu sauer, ungespritzt, die Wachshaut frisch gewaschen. Die fruchtige Frische schmecken – aromatischer Nachgeschmack des Paradieses. Vielleicht auch ein kleiner Vorgeschmack.

Gut für Augen, Herz und Magen:
Eine selbstgezogene Tomate,
geschnitten,
belegt mit eigenem Basilikum.
Bauernbrot mit Butter.

Ein chinesisches Kurzgedicht
als Anleitung für hier und heute:
„Nach dem Essen
einzuschlafen
und ein Ochs zu werden
unter den Pfirsichblüten …"
Warum eigentlich nicht?

Gut essen – und verdauen. „Das Glück ist für mich weitgehend eine Sache der Verdauung." (Lin Yutang)

Sport tut dem Körper gut und macht Spaß: Dreimal die Woche, eine halbe Stunde. Regelmäßig.

Schwimmen – die Frische auf der Haut fühlen, langsam seinen Rhythmus finden, gleichmäßig durch das Wasser gleiten. Erfahren, wie das Element das Gewicht des Körpers trägt, den eigenen Herzschlag spüren.

Joggen: Den Streß nach einem langen Arbeitstag wegbewegen: Durch den Wald traben, die Bewegung in allen Muskeln fühlen, schwitzen, die gute Luft im ganzen Körper spüren. Und dann ausruhen, jeden Atemzug eins mit dem eigenen Körper. Erschöpft, wohlig.

Tanzen, ganz für sich allein zu der Lieblingsmusik. So lange, bis man nicht mehr kann – und nur noch japst vor seliger Erschöpfung.

Einen Tanzkurs machen.
„Lerne tanzen,
sonst wissen die Engel
im Himmel
nichts mit dir anzufangen."
(Augustinus)

Gefühle bewußt empfinden – und ausdrücken, mit dem ganzen Körper: Warum nicht singen, lachen, weinen, schreien, tanzen?

Gönn dir – zum Beispiel – das Vergnügen einer Ohr-Massage. Nach Anleitung einer Expertin zum Beispiel so: Sanfter Druck auf beide Läppchen, vorsichtig zwischen Daumen und Zeigefingern hin- und herkneten. Den Zeigefinger in die Ohrmuschel stecken und mit dem Daumen hinter deinem Ohr vorsichtig Haut und Knorpel massieren. Ganz langsam. Du wirst sehen: Sogar deinen Ohren kann es unerhört guttun, entspannt zu werden.

Den eigenen Körper spüren, spüren, daß man lebt und einzigartig ist: „Feiere deine Füße, indem du auf den Zehen tanzt, deine Zunge, indem du sie im Sommer Regentropfen auffangen läßt, und deine Haut, indem du dich von jemandem umarmen läßt.“ (Carmen Berry)

Sich am Nachmittag in ein Café setzen und die Zeitungen von gestern lesen.

Zwischendurch einfach irgendwoanders hin – für ein Wochenende, für ein paar freie Tage; im Urlaub: das Vergnügen genießen, das im Wechsel liegt. Und sei es nur eine Campingnacht auf der Wiese hinterm Haus.

Abends noch auf den Rummelplatz und Kettenkarussell fahren – wie früher. Im Riesenrad die Lichter der Stadt von oben betrachten.

Zuhause eine Candle-light-Nacht feiern – mit der Lieblings-CD. Und den Phantasien freien Lauf lassen.

Ein Glas Rotwein am Abend: Nicht nur, daß die darin enthaltenen Stoffe Herzkranzgefäßkrankheiten vorbeugen. Das Schönste ist: daß es darüber hinaus noch schmeckt.

Wenn man sich einmal nicht gut fühlt: Einen Blues auflegen. Oder ein altes Buster-Keaton-Video einschieben. Oder einfach früh ins Bett gehen. Gut ausgeschlafen schaut die Welt ganz anders aus der Wäsche.

Musik hören. Ganz bei sich – und ganz bei der Musik. Sich ganz einlassen auf Töne, Rhythmen – so intensiv, daß man selber Teil der Musik wird. Musik ist die Sprache des Himmels. Es liegt an dir, diesen Himmel auf deine Erde zu holen.

Am Abend spazierengehen. Bei jedem Wetter. Sich durchlüften, bevor es in die Federn geht. Die kühle Luft genießen. Und wenn alle andern vor dem Fernseher sitzen – bewußt auf Mond und Sterne schauen.

Ein Ritual aus dem abendlichen Zubettgehen machen. Einen kleinen Text lesen, ein kurzes Gedicht, einen guten Gedanken. Sich ausstrecken und am ganzen Körper entspannen. Sich schöne Träume ausdenken. Sanft hinübergleiten, einschlafen.

HERBSTWALD – MOHNBLUMEN –

Nach einem langen Tag voller Streß
lange in die Badewanne.
„Es gibt wahrscheinlich ein paar Dinge,
die ein heißes Bad nicht heilt,
aber mir fallen nicht gerade viele ein.“
(Sylvia Plath)

Ein japanisches Bad. Den aufsteigenden Duft des Öls im Wasser genießen, die angenehme Hitze in sich einströmen lassen. Dann einen Tee ziehen lassen und sein Aroma einatmen, ihn ganz langsam trinken. Die Einheit von Körper und Seele spüren.

Nach dem heißen Bad –
sich langsam einölen. Spüren,
wie die Entspannung in die Haut einsickert.

Nach einem Saunagang ruhen, auch kurz schlafen. Erfrischt aufwachen.

Kein Abend ohne Zärtlichkeit für
deinen Partner, deine Partnerin.
Und kein Abend ohne guten Gedanken
– für dich und auch für andere.
Und jeden Abend vor dem
Einschlafen fragen:
Was hat mir heute besonders gutgetan?
Was kann ich morgen tun,
um mich richtig zu verwöhnen?

In der Natur

Wenn ich einen grünen Zweig
in meinem Herzen habe,
wird auch ein Vogel kommen
und singen.
(Chinesisches Sprichwort)

Es gibt Genüsse, die frei sind,
vierundzwanzig Stunden am Tag:
Frische Luft zum Beispiel.
Oder die Sonne.
Die Sterne,
der Mond,
Tiere.
Alles um uns herum.
Es liegt an uns,
es bewußt wahrzunehmen.

Die Schönheit des Lebens
immer neu
mit offenen Augen sehen.
Das kann ein Baum sein.
Ein Apfel.
Der wolkenlose Himmel.
Vögel.
Kinder.
Ein Fluß.

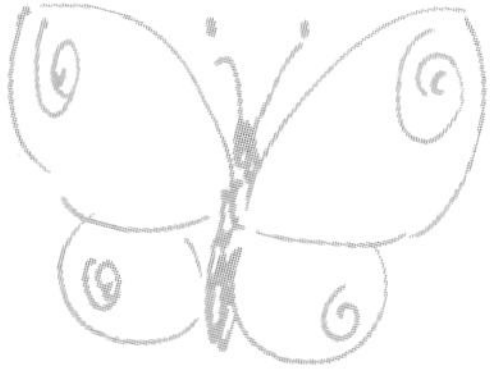

Die Überraschungen,
die das Leben für dich bereithält,
die Wunder wahrnehmen:
In der Farbe eines besonderen Steins,
in der Form eines Blatts,
auf das du achtest.
Oder im Gesang eines Vogels,
den du noch nicht kennst.
„Beeil dich nicht.
Bekümmer dich nicht.
Du bist hier nur
für einen kleinen Besuch.
So mach auf jeden Fall halt
und riech an den Blumen."
(Walter Hagen)

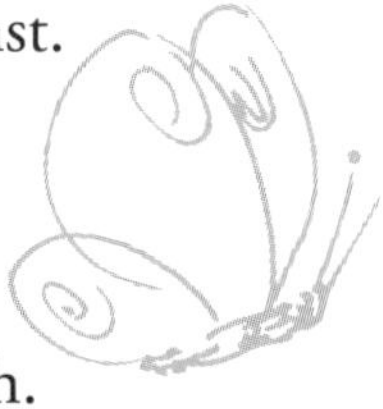

Ein Brauch der jüdischen Überlieferung:
Beim Anblick blühender Bäume und
hübscher Geschöpfe, aber auch wenn sie
die ersten Blumen im Frühling sehen,
sagen fromme Juden einen Segensspruch.
Warum nicht
der eigenen Freude Ausdruck geben,
sie mit den eigenen Worten ansprechen:
die durchbrechende Sonne,
den wolkenlosen Himmel,
den dichten Blumenteppich,
das versilberte Gras,
das plötzliche Schattendach der Buchen,
den überraschenden Hirschkäfer.
Das erste Grün begrüßen,
den ersten Zitronenfalter,
den ersten Ruf des Kuckucks?

Bewußt
mit den wechselnden Jahreszeiten leben
und die Veränderungen
im eigenen Leben begrüßen.

Den Frühling schmecken, riechen, sehen:
„Die Atemluft war gesättigt
mit dem Duft der Erde,
und das Gras unter den Füßen
spiegelte den blauen Himmel wider.“
(Willa Cather)

Der anbrechende Frühling macht beschwingt wie keine andere Jahreszeit. Sein Drängen, Blühen, Wachsen gibt auch der Seele Flügel.

Ein Frühlingsmensch werden,
Platz machen für neue Farben.

Nach einem langen Winter die Fenster öffnen und die Sonne ins Zimmer fluten lassen. Das Gesicht in die warmen Strahlen halten.

Das Silber von Weidenkätzchen,
eine andere Bläue in der Luft,
das Gelb der Schlüsselblumen,
Kälte und Lindheit gleichzeitig in der Luft.
Die Menschen schauen fröhlicher.
Der Frühling hat sich durchgesetzt –
die Kerzen der Kastanien leuchten.

Kindern zusehen, die zum erstenmal wieder im Freien spielen. „Solange es Kinder gibt und der Frühling kommt, muß keiner die Hoffnung verlieren." (Adelheid Maier)

Die erste Frühlingsnacht.
Der Duft des Flieders
kommt durch den Garten.
Ein Vorgeschmack des Paradieses:
So duftet der Himmel.

Der erste Krokus, der nach einem langen Winter plötzlich im Gras zu sehen ist:
vorlaut,
fröhlich,
strahlend bunt.

Ein Frühlingswald: grün, grün, grün.
Schlüsselblumen zwischen dunklen Stämmen.

Frühe Dämmerung, wie am Schöpfungsmorgen. Die ersten Vögel regen sich, flöten. Eine Amsel weckt den Tag.

Dem Kirschbaum „Guten Morgen“ sagen.

Den Kohlmeisen zusehen, wie sie ihre Jungen im Nistkasten füttern. Die sirren vor Verlangen jeden Tag lauter, sperren die kleinen Schnäbel auf.
Beobachten, wie die Alten sie schließlich zum Fliegen verlocken.

Concerto grosso: In einem Wald, bewußt wahrnehmen, wie Vögel belcanto um die Wette singen. „Weil der Tag lang ist und mühsam – sollten wir da das Lied der Lerche verachten?“ (Anne Brontë)

An einem frühen Morgen, bei klarem Wetter auf dem Berg stehen. Unten im Tal ein Nebelmeer, auf das die erste Sonne ihre Strahlen wirft.

Eine junge Katze, glänzendes Fell, die sich in der Sonne aalt und ihre eleganten Glieder schläfrig streckt – ihre Augen hellwach und aufmerksam.

Löwenzahn, der in die Wiese goldene Blütenbüschel zeichnet – Zeichen von unbändigem Leben.

Der erste Blick aus dem Fenster in den blühenden Garten. Vorschlag, statt „Guten Tag!“ dem Nachbarn „Frühling!“ zuzurufen – wenn plötzlich alle fühlen: Der Winter ist vorbei.

Kräftig durchatmen. Wer tief Luft holt, weitet auch die Seele.

Am Morgen – bevor man in die Schuhe schlüpft – barfuß über den frischen Tau des Rasens laufen. Sich fühlen wie ein Kind, die Nässe zwischen nackten Zehen. Tautropfen prickelnd auf der neu belebten Haut. Die blassen Füße freuen sich.

Das Trillern des Buchfinks. Das Hämmern des Spechts. Wahrnehmen, wie der Vogel am frühen Morgen den immer blasser werdenden Mond zermeißelt, daß nur noch das klare lebendige Blau am Himmel steht (Kurt Hock).

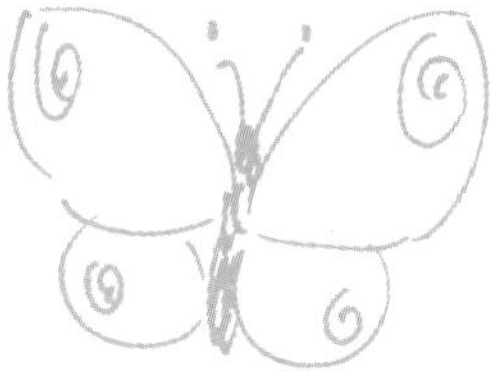

Im Schatten „deines“ Baumes liegen: Eiche, Birke, Birnbaum, Kirsche, Ahorn oder Buche – Mach dir einen Baum zum Freund, der mit seinem Rauschen auf deine Gedanken antwortet, dessen Blätter du im Frühling wachsen und fallen siehst im Herbst: „Ich sehe die Menschen einherwandeln wie Bäume“, heißt es in der Bibel. (Markus 8, 24)

Spazierengehen – Kurzurlaub für den Körper und die Seele: Jeden Tag eine halbe Stunde durch den Park. Nach einem Sommerregen die sauber gewaschene Luft, die Frische spüren. Die nassen Wege duften. Die Erde atmet. Das Glück liegt in der frischen Luft.

Die Langsamkeit entdecken – mit Augen, Ohren, Nase, Beinen – im Müßig-Gang. Man kann Bekanntes neu sehen, wenn man in der vertrauten Umgebung spazierengeht. Und in einer fremden Umgebung wird einem das Neue wie bekannt vorkommen.

Wenn du spazierengehst:
Ein Ziel ist schön. Doch laß dich auch von Umwegen verleiten und verlocken.
Laß dir Zeit, etwas anzusehen.
Und laß den Dingen Zeit,
auch dich anzusehen.
Gewöhnt euch aneinander.

Ein Mittel gegen Niedergeschlagenheit: Mit den eigenen Händen im Garten arbeiten und in der Erde graben. Die Erde in der Hand spüren, mit ihr ganz tief verbunden sein.

Blumen mit der Kanne gießen, umpflanzen, jäten. In den langsamen Rhythmus der Natur eintauchen und die Welt der Maschinen und Telefone vergessen. Die Blumen riechen, die Insekten wahrnehmen, die Luft fühlen und schmecken.

Gärtnern: die Freude am Wachsenlassen und Ordnen. Das Wunder des Wachsens erleben: wenn aus den braunen Knollen plötzlich gelbe, rote, weiße Tulpen geworden sind.

Einen Sonnenblumenkern eintopfen und zusehen, wie es grün sproßt.

Wenn man den ganzen Frühling im Garten gearbeitet hat, gesät, gejätet, gegossen, gewartet – und es blüht, und Freunde kommen zu Besuch, die man durch den Garten führen kann. Und es gibt die aufrichtigsten Komplimente. Ist das nicht Glück?

Ein Juniabend mit Freunden im Garten. Glühwürmchenschwärme zwischen den Sträuchern.
Versuchen, die Lichterpunkte zu zählen.

Im Frühsommer der erste lange Abend auf der Terrasse, auf dem Balkon. Oder im Gartenlokal: Kiesboden, Wackeltische und unbequeme Stühle eingeschlossen – Gemütlichkeit, eine Lust, die nicht mehr aufstehen will. Sogar der Biergarten wird dann zum Ort der Meditation: „Beim Einkehren im Biergarten kann man bei sich selber einkehren." (Franz Herre)

Die ersten Erdbeeren im Jahr. Wenn es geht, mit Schlagsahne. Jetzt hat der Sommer wirklich angefangen.

Reife Walderdbeeren, an einem ganz versteckten Platz selbst gefunden – langsam und süß auf der Zunge zergehen lassen.

In einer Wiese liegen – sehen, wie ein Pfauenauge erst in der Nähe flattert und dann unverhofft auf der Haut landet.

Sich in die Existenz eines Schmetterlings versetzen. Ein Tanz mit zarten Flügeln: Den Augenblick spüren.

Auf den Gesang der Lerche hören: Die pure Lebensfreude, die nichts von morgen weiß. Sie singt, weil sie muß, ohne Absicht.

Die leichte Brise. Ein Sommerwind: Die Augen zumachen, spüren, wie er die Haut streichelt, das Haar bewegt – jetzt, im Moment.

Durch den Hochwald gehen.
So als wäre man bei sich selbst zu Besuch.

Einen Lieblingsplatz in der Umgebung finden – und ihn immer wieder aufsuchen: ein Refugium, das sonst keiner kennt: Eine Hecke. Die Parkbank. Der Flecken am Bachufer.

Morgens, sehr früh in einen Park – zu jeder Jahreszeit, bei jedem Wetter, weit weg vom Lärm, von Straßen, von Häusern.
Beim Gehen kommen die besten Gedanken.
Sich auf eine Bank setzen.
Die Augen und das Denken schweifen lassen.
Aufstehen.
Weitergehen ohne Hast.

Auch im Alltag langsam gehen: Schritt für Schritt, ganz ruhig ein- und ausatmen dabei – das kann von Ärger und schlechten Gefühlen befreien. Eine Erfahrung, die man sofort ausprobieren kann.

Früh auf einen Berg steigen. Ganz abgesehen von der guten Luft, der Stille, der Nähe des Himmels, den Wolken, die zum Greifen nah sind: Wer das Leben von oben und aus der Distanz sieht, der lebt anders.

Picknick im Grünen,
an einem schönen,
heißen Sommersonntag:
Ohne großen Aufwand.
Guter Käse von der Hand,
junger Wein,
im nahen Bach schön kühl gehalten.
Frisches Weißbrot, Früchte.
Im Schatten eines großen Baumes lagern,
Vogelzwitschern in der Luft.
Und dann
bei sanftem Wind
ein Mittagsschlaf
im Wiesenstück.

Sommerfrische – Urlaub der
unaufgeregten Art
ganz nah an der Natur.
Die Zeit fließt wie ein breiter Fluß.
Alles duftet nach Natur – pur.

Sich an einer ruhigen Stelle an einen großen,
trägen Fluß setzen.
In Gedanken seinem Lauf folgen,
von der Quelle bis ins Meer.
Sich seinem Fließen aussetzen,
sich seiner Ruhe hingeben.

Ein Konzert von Fröschen
aus einem nahen Weiher
in einer lauen Sommernacht.

Im Meer baden.
strampeln,
prusten.
Das Wasser ist lauwarm.
Am Ufer lärmen ein paar übermütige Kinder.
Der Himmel ohne Wolken.

Schwimmen in einem ruhigen See, gegen Abend, wenn die meisten Menschen schon weg sind. Weit hinausschwimmen, getragen vom ruhigen Rhythmus der Bewegung. Sich auf den Rücken legen und in die Wolken sehen.

Bei einer Wanderung im Hochgebirge verschwitzt sich in ein freies, wildes, kühles Wasser stürzen – ein Jungbrunnen.

Einer Schnecke zusehen.
Und sich Zeit lassen.

Einkehr nach einer langen Wanderung, an einem heißen Ferientag:
Den Rucksack abstellen.
Es sich in den Schuhen bequem machen.
Ein kühles Getränk bestellen –
und mit aller Lust erwarten.
Der erste Schluck.

Auf den vielfältigen Klang der Stille hören:
die Morgenstille, die Stille der Nacht.
Stille des Mittags, Windstille.
Hören,
wie die Stille an bestimmten Orten sich steigern,
intensiver werden kann.
Das stille Wasser.
Die stille Bergwiese.
Stille am Strand.
„Stille – der Ursprung jeder Musik.“ (John Cage)

„Das wenigste gerade, das Leiseste,
Leichteste, einer Eidechse Rascheln,
ein Hauch, ein Husch, ein Augen-Blick –
wenig macht die Art des letzten Glücks.
Still!“ (Friedrich Nietzsche)

Eine Hängematte zwischen zwei Bäumen aufgespannt und zwischen Himmel und Erde schwebend schaukeln. In die Wolken schauen und seinen Träumen nachhängen. Oder in einer Hand ein Buch, die andere locker Richtung Boden baumelnd, lesen.

In einer Wiese liegen, die Verwandlungen am Himmel beobachten, sich überraschen lassen von den immer neuen Bildern und Formationen. Figuren und Geschichten darin sehen, seinen Gedanken Freilauf geben.

Nach einer langen, anstrengenden Wanderung – die Füße hochlegen und nur ausruhen.

Jedes Wetter lieben. Auch den Regen. Denk an die phantasiebegabten Chinesen, die den Frühlingsregen als „kaiserliche Ehrung“, den Sommerregen als „Begnadigung für einen Verurteilten“ und den Herbstregen als „Frauengesang“ bezeichnen.
Und freu dich auf den Regenbogen.

Regenwetter im Urlaub – endlich Zeit zum Lesen, zum Briefeschreiben (statt der kurzen Ansichtskarten), zum Teetrinken, Reden, Träumen, Pläneschmieden, Phantasieren: Versuche, die verschiedenen Töne und Geräusche des Regens zu unterscheiden: Strömen, Gießen, Plätschern, Prasseln, Trommeln, Rauschen.

Überhaupt Regen! Rausgehen. Naß werden, bis auf die Haut, ins Trockene kommen, Tee trinken.

Im Regen barfuß tanzen.

Ein ruhiger Biergarten, an einem verdämmernden Abend am kleinen See. Gedämpfte Geräuschkulisse. Keine Schnaken. Frisch gezapftes Bier. Dazu Schweinebraten – mit Kruste. Kopfschüttelnd an George Bernard Shaws merkwürdig pessimistische Sentenz denken: „Das Glück ist für die Schweine.“ Dagegenhalten: „Schwein muß der Mensch haben.“ Dem Nachbarn zuprosten und ein Gespräch darüber anfangen.

Nachsaison am Meer.
Geschrei der Möwen.
Ein steifer Wind bringt das Dünengras zum Tanzen.

Die erste Kastanie finden – und sie als glatten Handschmeichler mit in den Winter nehmen.

Durch den Herbstwald streifen, ganz langsam, durch Berge von Laub rascheln. Und dann eine Lichtung mit großen Steinpilzen entdecken.

Wenn die Blätter fallen im Herbst – sei dankbar, denk daran, daß auch deine Zeit einmal kommt.

Herbsttage in der Sonne.
Die Kürbissuppe schmecken.
Der Geruch von reifen Äpfeln:
„Die Zeit der letzten Rosen kommt.
Es sind die unermüdlichen,
die gegen die Kälte blühen.
Die Obstbäume auf den Feldern –
kaum, daß sie die Blätter verloren
haben,
sind die Knospen schon angelegt.
Es ist immer ein Grund
zur Hoffnung da."
(Kurt Hock)

Mit Tieren umgehen. Die Harmonie in der gemeinsamen Bewegung des Reitens. Neben einem Pferd stehen, dem man vertraut ist, die Nase in sein Fell drücken, seine Nüstern berühren, seinen Blick spüren, ihm eine Karotte geben – ein wunderbares Gefühl.

Eine schnurrende Katze auf dem Schoß haben, die sich anschmiegt.

Bilderbuchglück: Kühe auf der Weide beim Kauen. Schafe, die eine saftige Wiese abgrasen. Das Bimmeln einer Ziegenherde im Gebirge

Ein Rudel Rehe in einer versteckten Waldlichtung, ruhig äsend.

Zwei junge spielende Hunde.

Die einzelne Rose, die den ersten Frost gut überstanden hat.

Die Ski aus dem Keller holen und die erste Spur im unberührten Neuschnee ziehen.

Das Licht an kurzen Wintertagen.

Lange Spaziergänge, auch wenn es kalt ist.

Durch den ersten Schnee gehen. Den ersten Schneeball werfen.

Einen überlebensgroßen Schneemann bauen, egal wie alt man ist – mehr Spaß macht es allerdings zusammen mit Kindern …

Auf dem Eis schlittern, sobald es richtig trägt.

Einen Sonnenuntergang bewußt wahrnehmen, warten, bis das letzte Licht verdämmert. Am schönsten am Meer.

Beim Blick in den Sternenhimmel: Sich vergegenwärtigen, daß es die romantische Vorstellung gibt, daß alle Liebesgefühle zu Sternen am Himmel werden: Du bist nicht allein.

Sternschnuppen vom nächtlichen Himmel fallen sehen, und sich etwas wünschen.

In einer ruhigen Nacht
in den sternklaren Himmel sehen.
Spüren,
daß zwischen uns und der
Unendlichkeit
Beziehungen bestehen.
Robert Walser hat darüber geschrieben:
„Ich liebe die Sterne, und der Mond ist mein heimlicher Freund ... Solange ich lebe, werde ich nie verlernen, zu ihm hinaufzuschauen ... Die Stunden scherzen mit mir, und ich scherze mit ihnen.“

Im Grund hängt alles
miteinander zusammen,
wenn wir nur tief genug sehen.
Du bist ein Teil des Kosmos.
Mit anderen Menschen verbunden,
in der Natur verwurzelt,
in der Geschichte der anderen
zu Hause.

Einfach leben

Der Mensch ist
um so reicher,
je mehr Dinge er
liegenlassen kann.
(Henry D. Thoreau)

Viele fragen:
Was muß ich tun, um glücklich zu sein?
Wie wäre es,
einmal umgekehrt zu fragen:
Was kann ich lassen?

Wir brauchen viele Dinge.
Aber wir können
mit ganz wenigen
glücklich sein.

Nicht die Dinge genießen,
nicht die Karriere,
das Geld oder die Beziehungen.
Sondern das Wunder
und den Zauber
des Lebens selbst:
Das Glück der eigenen Existenz spüren.
Die unmittelbare Lust am Dasein.
Das Gefühl: Ich bin lebendig!

Beim Glück kommt es nicht auf die Quantität an, sondern auf die Qualität. Lord Chesterfield wird der Satz zugeschrieben: „Wer sich allen Genüssen des Lebens hingibt, der empfindet keinen Genuß mehr."

Es gebe zwei Tragödien des Menschen, sagt Oscar Wilde: Unbefriedigte Bedürfnisse. Und befriedigte Bedürfnisse.

Am Ende überzogener Wünsche steht oft nur Enttäuschung: „Nichts wird den zufriedenstellen, der nicht mit wenigem zufrieden ist." (Griechisches Sprichwort)

„**Der Reichtum** gleicht dem Seewasser:
je mehr man davon trinkt,
desto durstiger wird man. –
Dasselbe gilt vom Ruhm.“
(Arthur Schopenhauer)

Nicht das Haben, sondern das Sein zählt nach der Bibel: „Wer ein glückliches Herz hat, feiert unaufhörlich ein Fest.“ (Sprüche 15,15)

Anthony de Mello: „Es gibt eigentlich nur
zwei Heimsuchungen im Leben:
nicht zu bekommen,
was man sich wünscht,
und das, was man sich wünscht,
zu bekommen.“

Und Dietrich Bonhoeffer: „Es gibt erfülltes Leben trotz vieler unerfüllter Wünsche.“

Das Paradies kann ganz einfach sein. Johannes Chrysostomos soll gesagt haben: Gott habe den Menschen aus dem Paradies einige Dinge hinterlassen, die Sterne des Himmels, die Blumen des Feldes und die Augen der Kinder. Der etwas lebenszugewandtere Italiener Thomas von Aquin ergänzt. Zwei Dinge habe Chrysostomos vergessen: Den Wein. Und den Käse.

Ergänzung zu Thomas von Aquin:
Ein guter Kuchen, selbstgebacken. Frisch und sehr gelungen aus dem Ofen kommend.

Oder: Glockengeläut am Sonntagmorgen hören.

Oder: Unter der Sonne sein.

Oder: An einem Sommertag unter einem Baum im Gras liegen und lesen.

Oder: In einer heißen Sommernacht barfuß über Backsteinpflaster rennen.

Unser Glück kann viel schöner sein als die Vorstellungen, die wir uns davon machen.

Freude liegt nicht in irgendwelchen Dingen.
Sie liegt allein in uns selbst.
Sufi-Weisheit:
„In deinem eigenen Haus ist ein Freudenschatz.
Warum von Tür zu Tür ziehen, um zu betteln?“

Einfach leben,
nur dasein,
nichts anderes:
das Leben
mit allen Sinnen
spüren –
das ist es.

Es gibt keine größere Freude als die,
keinen Grund zur Sorge zu haben;
keinen größeren Reichtum
als die Zufriedenheit mit dem, was man hat.
(Anthony de Mello)

Haben als hätte man nicht – Eine Lebensregel des Glücksphilosophen Schopenhauer: „Wir pflegen beim Anblick all dessen, was wir nicht haben, zu denken ‚Wie, wenn das mein wäre?', und dadurch machen wir uns die Entbehrung fühlbar. Statt dessen sollten wir bei dem, was wir besitzen, oft denken: ‚Wie, wenn ich dieses verlöre?'"

Kunst ist Weglassen.
Auch die Kunst des Lebens:
„Der Bildhauer erschafft die wunderschöne Statue, indem er die Teile des Marmors wegschlägt, die nicht gebraucht werden. Es ist ein Vorgang des Beseitigens."
(Elbert Hubbard)

Die große Kunst der wahren Lebenskünstler:
aus kleinen Freuden große machen.
So oft wie möglich.
Was hat dir selber – heute – Freude bereitet?

Es gibt Menschen,
die alles vom Leben erwarten.
Die Frustration folgt unweigerlich.
Erwarte nichts.
Aber laß dich überraschen,
jeden Tag neu.
Laß dich ansprechen von dem,
was auf dich zukommt.

Einsicht einer erfolgreichen Frau: „Wenn ich mein Leben noch einmal leben könnte, würde ich mehr Gänseblümchen pflücken." (Nadine Stair)

Nicht auf Annehmlichkeiten und Luxus zu verzichten ist das Ziel. Sondern: sie ohne Gier und mit wirklicher Freude zu genießen.

Es gibt Menschen,
die glücklich sind mit wenig.
Und Menschen,
die sich miserabel fühlen mit viel.
Glück hängt also nicht vom Besitz ab.
Aber von unserer Einstellung
zu dem, was wir haben.

Fang heute an,
dein Leben zu vereinfachen.
Sag nein zu einer neuen Aufgabe.
Wirf überflüssige Dinge weg.
Verzichte auf einen Einkauf.
Vermeide heute ganz bewußt Streß.

Schaufensterbummel – an den
exklusivsten Geschäften entlangschlendern.
Phantasieren, was man alles kaufen könnte.
Und es dabei belassen.

Dinge zu besitzen kostet Zeit.
Auf Dinge zu verzichten,
die man nicht wirklich braucht,
bringt Zeit –
eine andere Art von Reichtum.

Das größte Glück liegt im Kontrast: Nach einer langen Wanderung in der Hitze – eine Dusche.

Einen kräftigen Hunger stillen: Schwarzbrot wird zur Götterspeise.

Nach dem längeren Fasten – den ersten Apfel essen, ganz langsam.

Heute schon gelacht?
Lachen kostet nichts.
Und tut einfach gut.

Graffiti an einem Abbruchhaus: „Das Gesicht ist euch geschenkt, lachen müßt ihr selber."

Graffiti in einer Großstadt: „Wer Schmetterlinge lachen hört, der weiß, wie Wolken schmecken."

Wer die Wahl hat
zwischen dem Einfachen
und dem Überflüssigen
wird die Entscheidung für das Einfache
nicht bereuen.

Nicht der wird notwendig
am allerglücklichsten,
der das wirklich bekommt,
was er sich am allermeisten wünschte.

Lebe einfach.
Müll dein Glück nicht zu.
Große Kunst ist einfach.
Lebenskunst auch.

„**Immer** die kleinen Freuden aufpicken, bis das große Glück kommt. Und wenn es nicht kommt, was wahrscheinlich ist, dann hat man wenigstens die vielen kleinen Glücke gehabt."
(Theodor Fontane)

Private Freudenlisten zusammenstellen.
Eine Liste auch der unterschiedlichsten Vergnügungen machen.
So wie Bert Brecht, der sie einmal aufzählt:
„Duschen, Schwimmen.
Alte Musik.
Bequeme Schuhe.
Begreifen.
Neue Musik.
Schreiben, Pflanzen.
Reisen.
Singen.
Freundlich sein.“

Der Vorschlag Tucholskys:
„Kleine Freude Nr. 72.
Wenn noch eine Kleinigkeit Buttersauce
übriggeblieben ist
und anderthalb Kartoffeln,
alle haben schon aufgegessen …
aber man kann sich da noch einen kleinen
Privatbrei
auf dem Teller zurechtmachen.
Erfreut sehr und schmeckt auch gut."

Das Rezept Johann Wolfgang von Goethes:
„Man sollte alle Tage wenigstens
ein kleines Lied hören,
ein gutes Gedicht lesen,
ein treffliches Gemälde sehen und,
wenn es möglich zu machen wäre,
einige vernünftige Worte sprechen."

Die Eintrittskarte ins Glück ist kostenlos:
Der Mond am Himmel ist umsonst.
Die Sterne kosten nichts
ebensowenig ein Sonnenaufgang und
andere schöne Dinge:
Ein Vogelkonzert. Das Lachen der Kinder.
Das freundliche Lächeln eines Unbekannten.
Aber auch dies: Gesundheit. Freiheit. Liebe.
Das Leben selbst.

Auch was etwas kostet, kann man genießen. Sogar Einkaufen kann man zum Genuß machen. Suchen, schnüffeln, prüfen, sich anlocken lassen, vergleichen, lassen, herumschleichen um das Objekt der Sehnsucht, probieren, sich in der Phantasie das Leben mit den neuen Dingen vorspielen. Und dann schließlich, nach dem Kauf: Die neuen Schätze zeigen und genießen.

Etwas selbermachen, statt es fertig zu kaufen. Den Kuchen nicht aus der Konditorei holen, sondern selber backen.

Vorfreudenliste eines Hobbykochs:
Beim Schreiben des Einkaufszettels
schon die Gesichter der Gäste vor sich sehen.
Wenn die Deckel von den Töpfen kommen,
die Gerüche in die Nase steigen:
Wie alle unwillkürlich schnuppern werden
und wie ihnen das Wasser im Mund
zusammenlaufen wird.

Das Glück im Ziegenkäse finden:
Um den Magen zu öffnen.
Oder um ihn zu schließen.
Solches Glück läßt sich riechen
und schmecken.
Und mit Wein raffinieren.

Kochbücher lesen.
Rezepte in Gedanken schmecken.
Das entspannt,
regt an,
macht Lust –
und hält schlank.

Nachtischfreuden:
Klein, köstlich, raffiniert.
„Ein guter Nachtisch ist bei einem guten Essen
wie die Pointe beim Witz,
wie die Zärtlichkeit zum Ausklang eines
Liebesmahls,
es ist nichts für anspruchslose Gefräßige,
es ist etwas für Genießer."
(Gabriel Laub)

Knoblauch –
ein Hauch von Lebenslust,
der Duft vom Süden,
ein Gemeinschaftselixier.
Würzig. Und gesund.

Kleine Urlaubsfreuden.
Warum in die Ferne abschweifen?
Das Glück ist um die Ecke.
Wieso nach Rio und in die Karibik jetten,
wenn alle Schönheit in der Nachbarschaft
auf uns wartet?
Im Wald. Im Park. Im Garten.
Auf Terrasse und Balkon.
Welch Genuß, wenn man sich unter lauter
Menschen bewegt, die jeden Tag zur Arbeit
müssen.

Briefe schreiben – mit der Hand.
Jeder freut sich,
wenn er einen Brief im Kasten findet,
statt der Reklame und der Zeitung.

Man muß nicht immer „das Beste, das Schönste, das Teuerste“ haben.
Zumal das meistens Lügen der Werbebranche sind. Gut und schön – das reicht.
Dinge sind gut und schön, wenn sie ihren Zweck erfüllen.

Keine Hetze mehr,
kein Rasen mit dem Auto.
Auch unsere Seele kennt ein Tempolimit.
Unser Leben ist keine Autobahn.
„Besser eine Handvoll Ruhe
als beide Fäuste voll Mühe
und Jagen nach Wind.“
(Prediger 4, 6)

Mehr gehen: „Es ist schwer, Hektik und Schlendern zu verbinden ... Wer zu Fuß geht, erlebt, daß das gesunde Leben von einem natürlichen Rhythmus, von einem Takt bestimmt ist – wie ein ebenmäßiger Pulsschlag, regelmäßig, wiederkehrend, an- und abschwellend.“ (John Rodden)

Nach einem langen Waldlauf in gesunder Luft ausgiebig duschen – und sich auf das Abendessen freuen.

Nach einer langen Regenwanderung durch Wald, Feld und Wiesen – eine warme Dusche und ein sauberes Handtuch, nicht mehr.

Es juckt –
und du kannst dich kratzen.
Ist das nicht auch ein kleines Glück?

Sich an seiner Gesundheit freuen: Gesundheit ist Voraussetzung, um sein Glück zu genießen. Aber richtig glücklich ist, wer krank war und spürt, wie die Gesundheit wiederkommt. Auch Rekonvaleszenz kann man genießen.

Welch ein Glück: Wenn die Grippe endlich vorbei ist und die Nase nicht mehr läuft.

Die eigenen Sinne benutzen.
Schalte das Fernsehen aus.
Sei dein eigener Lebens-Künstler.
„Um zu sehen, schließe ich meine Augen."
(Paul Gauguin)

Bewußt etwas für die Beziehung tun: Eine fernsehfreie Woche dazu nutzen.

Keine Angst vor Frühjahrsputz.
Aufräumen klärt und befreit.
Es beruhigt
und schafft eine neue Sicht auf das Leben.
Gelegenheit ist immer:
am Abend,
zum Wochenende,
nach einer längeren Arbeit.
Vor dem Urlaub.
Zum Anfang des neuen Jahres.
Oder einfach zwischendurch.

Laß dir Raum – auch in deiner Wohnung.
Laß Platz für Überraschungen. Für Künftiges.
Wirf Überflüssiges einfach weg.

Eigenes Gemüse ziehen. Auch wenn das andere billiger ist: Es gibt nichts Köstlicheres als eine selbstgezogene Tomate, mit dem Geschmack des eigenen Gartens. Spruch eines Gärtners: Eine eigene Tomate zu genießen und dabei auf schlechte Gedanken zu kommen, das ist nahezu unmöglich.

Frischer Quark mit vielen selbstgezogenen Kräutern. Dazu neue, dampfendheiße Pellkartoffeln. Draußen sitzen, mit ein paar Freunden, wenn der Tag erst spät verdämmert. Dem Nachbarn die Kartoffeln pellen und auf den Teller legen. Dazu ein frisches, kühles Bier. Ein Mahl für Götter und die reine Sommerlust.

Einen guten Wein

in aller Ruhe
und mit viel Zeit genießen:
ihn betrachten, riechen,
schmecken.
Und mit jedem kleinen Schluck
auch die Aromen der Zeit wahrnehmen,
die in ihm aufbewahrt ist:
die Zeit des Wachsens, der Reife,
des Ausbaus, der langen Lagerung.

Wenn du keinen Alkohol trinkst:
Mach dir dein Vergnügen daraus,
ihn abzulehnen.

Alkoholfreie Cocktails mixen – und sich an der warmen Sommerluft berauschen.

Urlaub: Endlich das dicke Buch herausholen, das man gekauft hat, sich gemütlich im Liegestuhl einrichten. In die erste Seite eintauchen. Und den Rest des Tages weggetaucht bleiben.

Sich in einem Roman verlieren, auf einem Meer fremder Sprache sich frei bewegen, sich eine ganze Welt erlesen.

Bücher wieder lesen, die unser Leben einmal ausgedrückt, es vielleicht sogar verändert haben.

Gute Freunde,
gute Bücher
und ein ruhiges Gewissen:
das ist das ideale Leben.
(Mark Twain)

Schon das Wissen, daß ein gutes Buch einen erwartet am Ende eines langen Tages, macht einen Tag glücklicher. (Kathleen Norris)

Bücher – Bluttransfusionen für deine Phantasie. Nahrung deiner Seele. Und nicht einmal dicke Schmöker machen dick!

Im Sommer in einem Straßencafé sitzen und Leute gucken: Hinter jedem unbekannten Gesicht ist ein Roman. Hinter jeder Bewegung die Choreographie für ein Ballett. Fremde Passanten – lauter kurze Lebensgeschichten. Stoff für kleine kuriose Filme. Oder für große Opern.

Im Museum:
Such dir nur zwei,
drei Bilder heraus –
und bleib lang vor ihnen stehen.
Geh um sie herum,
komm wieder,
laß dir Zeit.

Du kannst nicht nur vom Neuesten oder von der Zukunft leben. Hab alte Dinge um dich herum, einen alten Stuhl, ein Glas, den uralten Korkenzieher: Auch wenn sie zerbrechlich sind, auch wenn sie Macken haben – diese Dinge verbinden dich mit einer anderen Zeit, sie schenken die Idee von Dauer und Charakter.

Umgib dich mit Dingen, die du liebst. Mit Erinnerungen, die dir guttun.

Schaff dir einen eigenen Raum: einen Raum, wo du für dich sein kannst, wenn du willst. Wenn das nicht geht: richte dir zumindest eine eigene Ecke ein.

Sich an einem Winterabend Tee kochen.
Die beiden Hände mit der Tasse erwärmen
und spüren,
wie die Wärme langsam hochsteigt.

Wenn es kalt wird – ein Feuer machen.
Den Geruch des gespaltenen Holzes
wahrnehmen.
Sich der guten Wärme,
der prasselnden Energie aussetzen.

Vor dem Einschlafen noch einen guten
Gedanken fassen.
Denke an Dinge, die gut waren.
Freu dich auf morgen.
Wünsch dir selber gute Träume.

Von einer langen Reise zurückkehren.
Sich langsam der vertrauten Gegend annähern.
Das Bekannte bewußt begrüßen.
Ankommen.
Zu Hause sein.

Dankbar sein für die Kleinigkeiten des Lebens. Für alles, was sonst selbstverständlich scheint.
Dankbarkeit ist der Grund des Glücks.

Die Welt sehen in einem Sandkorn und den Himmel in einer wilden Blume, halte so das Unendliche in deiner Handfläche und Ewigkeit in einer Stunde. (William Blake)

Im Gehen
betrachte das Gehen.
Im Sitzen
das Sitzen.
(Zen-Spruch)

Der, der weiß,
daß er genug hat,
ist reich.
(Taoteking)

Arbeit ist (nur) das halbe Leben

Laßt uns singen,
solange wir wandern,
die Straße wird so
weniger ermüdend.
(Vergil)

Jeder ist selbst seines Glückes Schmied.
Keiner nimmt es einem ab –
nicht die Politik,
nicht die Werbung,
keine Gurus.
„Blase,
und du kannst ein Feuer auslöschen.
Blase,
und du kannst ein Feuer machen."
(Zenspruch).

Tu etwas für dein Glück!
Kunst geschieht nicht einfach.
Auch Lebenskunst ist etwas Aktives.
Sei Gestalter deines Lebens.
Laß dich inspirieren
von anderen Lebenskünstlern.

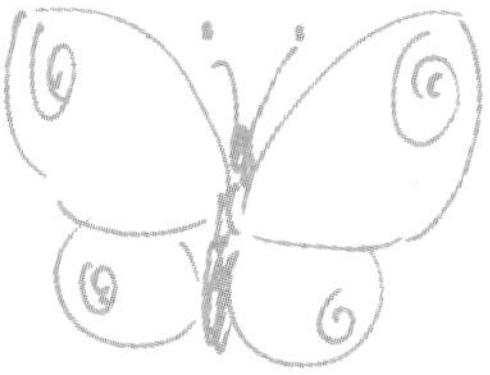

Sei kreativ:
Nur wer seine Talente nutzt
und seine Fähigkeiten einsetzt,
wird sein Glück machen.

Einsicht eines aktiven Lebens: „Glück ist wohl etwas, was sich nicht von selbst entwickelt. Es läuft einem nicht hinterher. Man muß es schon ergreifen, wenn es sich schüchtern zeigt. Ganz einfach zupacken, die Chance des Augenblicks erkennen! Jeder Augenblick hat seine Chance, auch der Moment, in dem alles trübe und aussichtslos erscheint." (Max Schmeling)

Wir können zwar nicht den Zufall beeinflussen, aber etwas für unsere Chancen tun: durch Arbeit, kluges Handeln, Einsetzen unserer Fähigkeiten. Wer *nur* auf das Glück vertraut, ist dem Zufall ausgeliefert.

Man kann etwas tun, um dem Glück unter die Arme zu greifen. Und sei es nur: zur rechten Zeit am rechten Ort zu sein. Wer kein Los kauft, wird nie im Lotto gewinnen. Und wer beim Pferderennen gewinnen möchte, muß erst einmal wetten. In der Lotterie des Lebens ist es nicht anders.

Anstrengung ist manchmal unumgänglich. Ohne Fleiß kein Preis: Es ist leichter, einen Berg hinunterzugehen. Aber die Aussicht gibt es nur von oben.

Widerstände und Schwierigkeiten, die zunächst unüberwindlich schienen und bewältigt werden, können ein Glücksquelle sein. Samuel Goldwyn: „Wenn jemand ein enthusiastisches Verhältnis zu seiner Arbeit hat, hat er nichts vom Leben zu befürchten.“

Arbeit ist kein Feind des Glücks,
sondern oft seine Voraussetzung.
„Alles, worin wir gut sind,
trägt zum Glück bei“ (Bertrand Russell).

Was man gut kann,
macht einem selber Spaß.
Versuche, zumindest in einer Sache
wirklich gut zu sein.

„**Tätigkeit**, etwas Treiben, oder nur Lernen ist zum Glück des Menschen notwendig. Er will seine Kräfte in Tätigkeit setzen und den Erfolg dieser Tätigkeit irgendwie wahrnehmen … Darum fühlt man sich auf langen Vergnügungsreisen dann und wann sehr unglücklich.“ (Arthur Schopenhauer)

Glück ist: Sich nützlich fühlen. Merken, daß man von anderen gebraucht wird.

Glück ist nicht: Tu, was du magst. Sondern: Liebe das, was du tust.

Glück ist: In einer Aufgabe ganz aufgehen, eins werden mit dem, was man tut: „Wenn du etwas tust, verbrenne dich selbst darin ganz und gar, wie in einem guten Scheiterhaufen, der keine Spur zurückläßt von dir." (Japanisch)

Glück ist nicht, irgend etwas zu tun, sondern eine wichtige Aufgabe gut zu tun: „Alles, was es wert ist, getan zu werden, ist auch wert, daß man es gut tut." (Phillip Stanhope)

Glück ist, deinen eigenen Genius zu finden – das zu tun, was du besonders kannst, worin deine eigentliche Berufung liegt. Werde dir darüber klar, was das eigentliche Stichwort deines Lebens ist. Das kannst nur du selber.

Glück ist nicht, durch den Job möglichst schnell Geld zu scheffeln. Das macht zum Sklaven.

Glück ist, wenn Berufung und Beruf in eins fallen. Deine Berufung liegt dort, wo deine Fähigkeiten und die Bedürfnisse der anderen zusammenkommen.

Buddha hat gesagt:
Deine Aufgabe ist es,
deine Aufgabe zu entdecken –
und dich ihr dann mit deinem ganzen Herzen hinzugeben.
Der Mönch Thomas Merton hat hinzugefügt:
Wenn du Liebe hast,
dann wirst du alles recht machen.

Es gibt eine wechselseitige Wirkung:
„Wunder geschehen nicht,
wenn man etwas Bestimmtes tut,
sondern wenn wir dabei glücklich sind,
eine bestimmte Sache zu tun."
(Mutter Teresa)

Count your blessings – zähle deine
Gaben, sagen die Amerikaner:
Mach dir immer wieder bewußt,
was du kannst,
was du geleistet hast,
welche Stärken du hast.
Lob dich selber.
Sei dankbar dafür.
Sag dir selber jeden Tag, was du Gutes
geleistet hast.

Sich freuen,
wenn man eine Arbeit
zu eigener (!) Zufriedenheit
fertiggebracht hat.

Etwas Neues lernen – und plötzlich klappt es: Radfahren, Schwimmen, Skifahren. Oder der neue Computer.

Etwas fertigbringen, was geglückt ist: Der selbstgestrickte Pullover. Der Kuchen nach dem eigenen Rezept. Die reparierte Waschmachine.

Eine Liste machen mit all den Dingen, die einem gut gelungen sind, auf die man stolz sein kann – und seien sie noch so klein.

„Suche nach Erfolg,
nicht nach Perfektion.
Vergiß nie dein Recht,
dich auch zu irren,
weil du dann die Fähigkeit verlieren
wirst,
Neues zu lernen
und in deinem Leben vorwärts
zu gehen.
Erinnere dich daran,
daß sich hinter Perfektionismus
immer Angst verbirgt."
(David M. Burns)

Suche nicht die Dinge,
die zu schwierig für dich sind,
und nicht die Aufgaben,
die über deine Kraft gehen.
„Suche die Schlachten auf,
die groß genug sind,
damit es auf sie ankommt,
und klein genug, um sie zu gewinnen."
(Jonathan Kozol)

Kein Neid gegenüber den Hochbegabten, den Sonntagskindern und den Glückskindern: Wem immer alles in den Schoß fällt, der kann das Hochgefühl nicht erleben, das es bedeutet, ein Ziel auch mit begrenzten Mitteln erreichen zu können.

Allzu heftiger Ehrgeiz schlägt auf den Magen – und schadet dem eigenen Wohlbefinden.
Altgriechische Weisheit:
„Wir sollen leben, nicht wie wir wollen,
sondern wie wir können.“
Finde das eigene Maß.

Sich nicht überanstrengen.
Jeden Tag aufstehen
mit dem Bewußtsein:
Heute ist ein Tag,
an dem ich nicht perfekt sein muß.

Die zwei Lebensregeln eines erfahrenen Arztes und Menschenkenners:
„Regel Nummer 1 ist:
Schinde dich nicht für Kleinigkeiten.
Regel Nummer 2 ist:
Es gibt nur Kleinigkeiten im Leben.
Und wenn du sie nicht ablehnen und auch nicht vermeiden kannst, erdulde sie.“ (Dr. Robert S. Eliot)

Kein Erfolg, kein Ehrgeiz, keine Arbeit ist es wert, seine Gesundheit zu ruinieren. Gesund zu sein ist Basis und Quelle jedes Genießens. Jeder Kranke kann das bestätigen.

Ein Psychologe hat als Regel formuliert: „Mach deine Arbeit gut, aber nicht notwendigerweise besser als …“ (Wolfgang Tunner).
Das entspricht der Einsicht des chinesischen Weisen Lao-Tse: „Der Weg des Weisen besteht darin, zu handeln, aber nicht wie in einem Wettbewerb.“

In seinen Erwartungen realistisch bleiben,
sich nicht selber überforderen.
Spruch der alten Römer:
„Keiner ist verpflichtet,
mehr zu leisten und zu tun,
als er kann.“

Wer ständig im Wettbewerb mit anderen lebt, kann keine wirkliche Freude erleben. Ehrgeiz ist ein Glücksvergifter. Man kommt im Leben nur wirklich weiter, wenn man aufhört zu rivalisieren. Der indische Weise Krishnamurti hat das noch zugespitzt: „Das gilt nicht nur für die Konkurrenz mit anderen, sondern auch für die Konkurrenz mit sich selber."

Wenn du etwas Schwieriges geschafft hast, allen Widerständen und Problemen zum Trotz, dann sei auch stolz auf dich und belohn dich selber. Genieße den Erfolg – und feiere ihn.

Wenn du ein Problem wälzt: Laß es los und geh spazieren.

Vor einer schwierigen Aufgabe – sich selbst eine Belohnung in Aussicht stellen, wenn man sie gut hinter sich gebracht hat.

Problemen und Hindernissen nicht ausweichen, sondern sie gezielt angehen. Schopenhauer sagt über den Menschen: „Hindernisse überwinden ist der vollste Genuß seines Daseins: es gibt für ihn nichts Besseres. Die Hindernisse mögen nur materieller Art sein, wie beim Handeln und Treiben, oder geistiger Art, wie beim Lernen und Forschen: der Kampf mit ihnen und der Sieg über sie ist der Vollgenuß seines Daseins."

„Der Mensch braucht für sein Glück
nicht nur Freude
an diesem oder jenem,
sondern die Hoffnung,
das Wagnis
und die Veränderung."
(Bertrand Russell)

Arbeit kann Vergnügen sein. Versuch zu klären, wie sie das auch für dich immer mehr werden könnte.

Bei der Hausarbeit singen. Oder auch im Auto, im Berufsverkehr, im Stau.

Sich in eine Anstrengung hineinwerfen – und sich darauf freuen, wenn der Streß vorbei sein wird: „Gehabte Schmerzen hab ich gern." (Wilhelm Busch)

Die Waschmaschine reparieren – und sie funktioniert sogar wieder. Und dann das Lob genießen.

Eine Arbeit erfolgreich abschließen. Und sich dann zurücklehnen und früher Feierabend machen.

Die Kunst des Nickerchens. Schon ein kurzer Mittagsschlaf pflegt nicht nur den Teint. Man schafft nachher viel mehr weg. Und er macht dazu noch Spaß.

Kreativität braucht Unterbrechung. Wenn du bei einem Problem nicht weiterkommst – mach eine Pause. Hör Musik. Nur wer aufhören kann, kann weiterkommen. Wenn du es eilig hast, nimm einen Umweg.

Nach einer Zeit geistiger Anstrengung – einen Tag lang beim Holzhacken schwitzen, ohne viel zu denken. Und das Ergebnis des Tages auch richtig vor sich sehen. Und am Abend dann erschöpft ins Bett fallen.

Streß ist nicht nur einer der häufigsten Krankheitsfaktoren. Er lenkt uns auch von uns selber ab. Stille ist das Tor, durch das wir uns selber näherkommen.

„**W**er wirklich glücklich sein will, muß zu Hause bleiben", sagt ein griechisches Sprichwort. Es ist immer wieder einen Versuch wert: An einem ganz gewöhnlichen Werktag keinen Fuß vor die Türe setzen, an einem Tag, an dem keine Pflicht und kein Termin vorgesehen ist. Das Haus – ein Ort, der dem eigenen Wohlbehagen das Gefühl der sicheren Dauer verleihen kann.

Neue Vorsätze fassen. Selbst wenn die Verwirklichung der alten nicht immer geklappt hat. Jeder Vorsatz, neu anzufangen, eröffnet schon neue Möglichkeiten, gibt auch der Gegenwart einen frischen Geschmack. Unser Leben ist es wert, immer neu anzufangen. Jeder Neuanfang ist Lebenslust.

Laß dich vom Leben überraschen.
Nur wer sich auf Neues einläßt,
hat die Chance.
Das Leben besteht aus Überraschungen.

Arbeit kann hart sein.
„Es gibt keinen Ersatz für harte Arbeit."
(Thomas Edison)
Aber wenn etwas schon mühsam ist,
sollte man sich selber auch etwas Gutes antun.

Das Leben ist hart genug.
Mach es wie die Engel.
Sie können fliegen,
weil sie sich selbst nicht zu schwer nehmen.
(Nach Gilbert Chesterton)

Vertrau auf dich selbst.
Glaub an dich:
Du kannst etwas,
weil du davon überzeugt bist,
daß du es kannst.
Wenn du dich entscheidest,
erfolgreich zu sein,
ist das wichtiger als vieles andere.

Henry Ford hat recht:
Ob du denkst, du schaffst es.
Oder ob du denkst, du schaffst es nicht. –
Du hast in jedem Fall recht.
Also: du schaffst es.

Ein gutes und glückliches Leben ohne Selbstkontrolle – das hat es nie gegeben. Und das kann es nicht geben. (Leo Tolstoi)

Disziplin heißt nicht, daß man sich blind Regeln unterwerfen muß. Gib deinen festen Prinzipien einmal Urlaub. Und befrei dich von Regeln, die nur Gewohnheit sind. Es kann ausgesprochen Lust machen, sich davon auf immer zu befreien.

Hab keine Angst, zu weit zu gehen.
T. S. Eliot hat gesagt:
„Nur wer es riskiert, zu weit zu gehen,
kann möglicherweise herausfinden,
wie weit man gehen kann."

Ohne Risiko kein Weg zum Glück. Wer nichts riskiert, lebt mühseliger.

Wer früh aufsteht, hat mehr vom Tag – und auch vom Leben. Wer so Zeit gewinnt, kann entspannter leben, er verringert die Hetze, schafft Raum für andere. Wer langsamer sein kann, ist aufmerksamer, gelöster, wacher, tiefer, klarer, schöpferischer. Wer nicht mehr rennen muß, kommt eher an.

Aufhören können. Unterbrechungen lernen. Glück lebt von den Pausen. Jede Stunde, die man nicht für Routine und Plackerei entfremdet, ist für das Leben gewonnen.

Dir fehlt Zeit? Du hast zu viel zu tun? Das einzige Mittel, Zeit zu haben, ist – sich Zeit zu nehmen.

Dauerstreß ist ungesund. Unkontrollierbaren Streß im Vorfeld durch ein klares „Nein“ vermeiden. Beziehungen begrenzen, die nur Probleme schaffen.

Wie beschäftigt und gestreßt du auch immer bist: Laß wirkliche Freundschaften nie in den Hintergrund geraten. Nimm dir Zeit für deine Freunde. Plan sie in dein Leben ein.

Auch Träumen kann die Welt glücklicher machen: „Die Zukunft gehört denen, die an die Schönheit ihrer Träume glauben." (Eleanor Roosevelt)

Musik kann zur tiefen Erfahrung werden – wie Mystik. Victor Hugo hat gesagt, Musik drücke aus, was nicht gesagt werden kann und worüber zu schweigen unmöglich ist. Und ein anderer hat gemeint: Musik fängt dort an, wo das Wort aufhört. Und wo sie endet, reicht selbst der Gedanke nicht hin. – Versuche, dieser universellen Sprache immer wieder deine Seele zu öffnen.

Urlaubsplanung: eine Vorauswahl von zwanzig schönen Büchern treffen, in sie hineinschnuppern, sie anlesen, kreuz und quer, nach den verlockendsten suchen, ihren Rhythmus auf den Urlaubsrhythmus hin abhören. Bücher, die man wiederlesen möchte. Und Überraschungen, mit denen einen Lüste, Ahnungen oder Hoffnungen verbindet. Erlaubt ist, was gefällt.

Reisen – auf das Unerwartete warten,
das Gewohnte zurücklassen,
sich auf das Fremde freuen,
Zufälle aufnehmen,
Kleinigkeiten entdecken.
Nicht hetzen –
das Glück *erfahren*
kann nur, wer sich Zeit läßt.

Tage ohne Programm und ohne Pflicht im Urlaub. Kein Besuch, keine Besichtigung. Und wenn eine innere Stimme zu solchen Pflichten mahnt – einfach überhören. Endlich wieder alte Lieblingsplatten herausziehen. Aus dem Bücherschrank ein lange ungelesenes Buch greifen, sich festlesen – und sei es stundenlang. Zeitungen durchschmökern, von vorn bis ganz hinten. Das Fahrrad aus dem Keller holen und durch die Landschaft streunen. Ohne Einkaufszettel in die Stadt. In einem Café der Straßenhektik zusehen und einfach nichts tun. Es gilt die alte Wahrheit: Nichtstun vermehrt den Frieden in der Welt.

Abschalten lernen. Übergänge schaffen zwischen Arbeit, Büro, Pflichten, Zwängen – und dem Leben. Nach einem harten Tag eine Dusche nehmen – den Streß buchstäblich abwaschen.

Das Ende einer Arbeit zelebrieren und genießen. Und nicht vergessen: Erfolge muß man feiern. Und sei's mit einem guten Essen.

Glück lebt von der Unterbrechung des Gewöhnlichen, vom Kontrast zum Banalen, dem Alltag. „Die Kontraste und Zäsuren, wie alte Sitten sie setzen, bejahen, sie noch steigern, neue hinzuersinnen, kleine und große Feste erfinden, Ungleichheit im Kalender stiften, Kontrast! Das ist das wirksamste aller Glücksrezepte." (Wolf Schneider)

Sonntagsgefühle entwickeln – jeden Tag. „Wozu macht ihr Karriere? Ist die Erde denn kein Stern?“ Das sagt Erich Kästner. Und: „Arbeit ist das halbe Leben, und die andere Hälfte auch.“

Nicht zu faul sein für das Glück. Das Faulsein neu bewerten. Franz Kafka: „Müßiggang ist aller Laster Anfang, aller Tugend Krönung.“ Und ein östlicher Meister spottet: „Das westliche Laster der Faulheit ist es, das Leben mit unwesentlichen Aktivitäten vollzustopfen, so daß kein Raum mehr bleibt für wirkliche Freude.“

Erste Faulheitsregel: immer eine Sache weniger erledigen, als man eigentlich könnte.

Schweiß und Fleiß, das ist weiß Gott nicht alles, um Erfolg – oder gar Glück – zu haben: „Wem Gott hilft, der kommt schneller voran, als wer zu früh aufsteht.“ (Lazarillo de Tormes)

„**A**rbeit läßt sich schlecht vermeiden – doch wer schuftet, ist ein Schuft“, sagt Kästner. Die wirklich wichtigen Dinge passieren nicht durch Plackerei. Sie kommen von selbst.
Der Frühling.
Die Liebe.
Das scheue Glück …

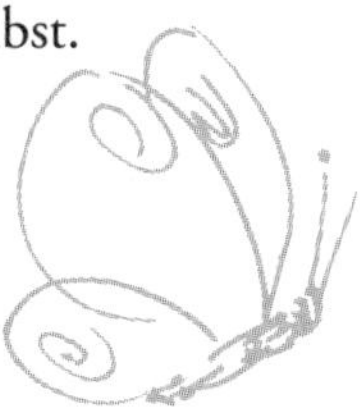

Freitag nachmittag – der schönste Tag der Woche beginnt.

Die Sonntagsruhe genießen. Kein Berufsverkehr vor dem Haus. Kein Wecker klingelt. Und irgendwann, später, zieht der Duft von heißem Kaffee aus der Küche.

An einem verregneten Sonntag: Nichts tun, nur dem Rauschen des Regens zuhören.

Die letzten Tage vor dem Urlaub – auch wenn der Streß sich steigert angesichts dessen, was man alles „vorher“ noch erledigen sollte: Glück, das man er-warten kann.
Die ersten Tage Urlaub. Der Streß ist abgeklungen. Eine unendliche Zeit liegt vor einem. Die Uhr ist abgeschafft.

Kreativ-Urlaub – alles mit Faulheit untermalen. Drei Wochen die Kunst des Dolce far niente praktizieren: „Wie schön ist es, nichts zu tun und sich hinterher davon zu erholen.“ (Spanisches Sprichwort)

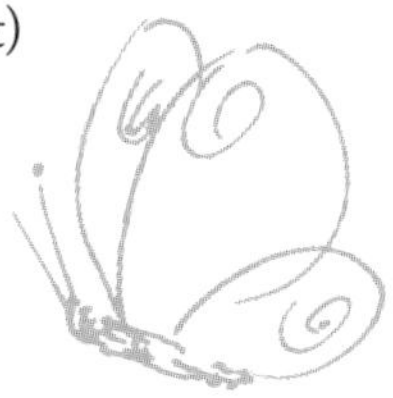

Gelassen werden

Der Vogel
des Paradieses
läßt sich nur auf der Hand nieder,
die nicht zufaßt.
(John Berry)

Zufrieden sein:
Nicht alles besitzen, was man wünscht.
Aber alles wünschen, was man hat.
Wenig haben – und viel genießen.

Glücklich zu sein heißt lediglich,
die eigene Seele
von der Unruhe befreit zu haben,
unglücklich zu sein.
(Maurice Maeterlinck)

Zufall? Glück?
Geh heiter mit dem Zufall um.
Das Glück kann uns gerade dann begegnen,
wenn wir gar nicht damit gerechnet haben.

Es gibt nur einen Weg zum Glück,
und der besteht darin,
aufzuhören,
über Dinge zu jammern,
die nicht in unserer Macht stehen.
(Epiktet)

Was vorbei ist,
kann man nicht mehr verbessern.
Laß es los!

Unnötige Kraftakte vermeiden.
Es gibt Probleme,
die du ändern kannst.
Und Dinge,
die zu ändern
nicht in deiner Macht steht.
Versuche beides klar zu unterscheiden
und zu trennen.
Konzentriere dich auf die ersteren.
Wenn du dein Schicksal
nicht ändern kannst,
ändere deine Einstellung.
(Amy Tan)

Ruhig bleiben!
Psychologen-Regel:
Wer mit dem Kopf durch die Wand geht,
kommt selten in die Freiheit.
Er landet in der Regel in der Nachbarzelle.

Abwarten und Nichtstun können Wunder wirken. Auch wenn die Probleme offensichtlich sind: Laß dir Zeit. Manche Fragen lösen sich von selbst.

Ärger ist sinnlos.
Was vorbei ist,
ist vorbei.
Tu etwas, um zu ändern,
worüber du dich ärgerst.
Oder schau nach vorn.

Es gibt Dinge im Leben,
die muß man einfach akzeptieren,
weil sie nicht zu ändern sind.
Wenn man sie einmal akzeptiert hat,
werden sie sich von selber ändern.

Nicht vorschnell sein im Urteil:
Das Glück ist in den Köpfen.
Ob wir etwas als Blume
oder als Unkraut ansehen –
das kommt nur
auf den inneren Blickwinkel an.

Wer einmal Pech hat, braucht sich nicht unglücklich fühlen. Wirkliches Glück ist etwas anderes als das Gegenteil von Pech.

Auch schon eine kleine Form von Glück: Kein großes Pech zu haben.

Noch im Unglück gibt es Ansatzpunkte für eine Wende zum Positiven. Daß auch im Unglück noch Hoffnung liegen kann – wenn es erst einmal aufhören wird: Welch ein Glück!

Ein türkisches Sprichwort: „Pechvogel darfst du dich erst nennen, wenn dein Beruf Sargmacher ist und die Menschen aufhören zu sterben.“

Denk daran,
daß die Zukunft offen ist –
und der morgige Tag schöner sein kann
als der heutige.
Ein Geheimnis glücklicher Menschen:
Sie akzeptieren Veränderungen im Leben nicht nur, sie sind dankbar für sie.

Das Glück kommt oft durch eine Tür, von der du gar nicht einmal mehr wußtest, daß sie überhaupt offen steht.

Die Perspektive wechseln. Manche scheinbare Tragödie unseres Lebens kann sich in einigem Abstand als komisch herausstellen.

Probleme können sich manchmal aufplustern und einem über den Kopf wachsen. Aber du bist wichtiger als deine Probleme.

Laß dich nicht durch Verlust
aus der Fassung bringen.
Nicht jeder Verlust ist gleich wichtig
oder gar ein Unglück.
„Hoffnung und Angst
können das Wetter nicht ändern."
(Chögyam Trungpa)

Auch Schicksalsschläge
können Marksteine auf dem Weg zu dir selber sein. Kämpfe nicht verbittert dagegen an. Bleib gelassen auch bei Umwegen. Was ein Glück und was ein wirkliches Unglück ist, stellt sich oft erst sehr viel später heraus.

Mit Ruhe in die Zukunft sehen:
„Wenn man ruhig in die Zukunft blickt, kann man sich an der Gegenwart erfreuen; man kann mit einem schwierigen Heute glücklich sein, aber nicht mit einem bedrohlichen Morgen."
(Wladyslaw Tatarkiewicz)

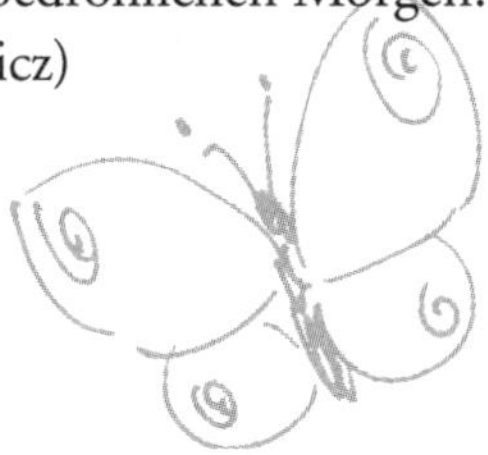

Manchmal spielt das Leben April. Laß dich von den wechselhaften Launen nicht irritieren. „Der April – das ist der Engel unter den Monaten", hat Vita Sackville-West gesagt. Finde deine Botschaft hinter den verrücktesten Zufällen.

Fähigkeit zum Glück – das heißt nicht: die Augen vor der Wirklichkeit des Leidens zu verschließen. Im Gegenteil: „Bevor wir nicht dem Leiden zustimmen, können wir nicht frei vom Leiden sein." (D. T. Suzuki)

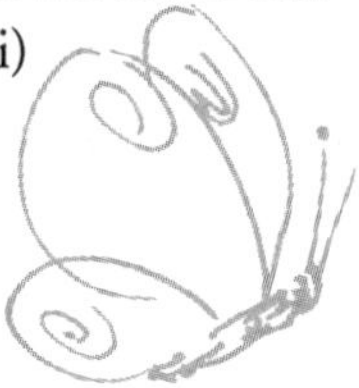

Je dunkler die Nacht ist,
desto klarer die Sterne.
„Es ist besser ein Licht anzuzünden,
als über die Dunkelheit zu klagen."
(Ruth Pfau)

Es gibt immer Tage oder Augenblicke, an denen man sich ausgelaugt, unkreativ und zu nichts fähig fühlt. Akzeptiere, wenn du mal schlecht drauf bist. Das gehört zum Leben und zu dir. Erst auf dem Hintergrund solcher Phasen sind unsere gelösten und schöpferischen Momente so glücklich.

Die kleineren Alltagsmißgeschicke: Der Knopf springt vom Hemd ab. Die Laufmasche kommt im ungünstigsten Moment. Das Essen riecht schon ein wenig angebrannt. Der verschüttete Rotwein. Die Brille schon wieder verlegt: Lach erst mal kräftig drüber. Dann ist die Luft raus. Und später gibts vielleicht eine Geschichte zu erzählen.

Lache,
und die Welt lacht mit dir.
Weine,
und du machst dir nur dein Gesicht naß.
(Sponti-Spruch)

Nimm's mit Humor, wenn's einmal schief geht.
So wie der Verfasser eines Graffiti-Spruchs:
„Wenn das Glück dich verläßt,
geh einfach mit."

Lange schlafen! Wenn du ausgeschlafen bist, sieht der Tag – und die Welt – ganz anders aus.

Heiterkeit und Gelassenheit
liegen nah beieinander:
Freu dich,
wenn etwas gut ausgeht.
Und ärgere dich nicht,
wenn es einmal nicht so gut läuft.

Unvollkommen geht's dir besser. Etwas anderes zu glauben ist Verschwendung von Lebenszeit. „Die Sünde der Perfektion liegt darin, daß sie das Leben verstümmelt, weil sie Unmögliches verlangt." (Jerome Frank)

Wer in seinem Leben nur „Entweder/Oder" kennt, lebt immer in einem inneren Kampf – mit sich und anderen. Unterdrücke keine Spannung. Aber bring alles in Balance. Suche innere Ausgeglichenheit. Und den Ausgleich der Gegensätze.

Geduldig bleiben: Vertraue darauf, daß – auf Dauer – Freude stärker ist als Gier, daß Liebe stärker ist als Haß, Verzeihen stärker als Wut und Aggression.

Bleib flexibel. Keiner kann den Wind abhalten, zu wehen. Aber du kannst seine Kraft nutzen, wenn du dich in die richtige Richtung stellst.

Helen Keller: „Wenn eine Tür zum Glück sich schließt, geht eine andere auf. Aber oft starren wir so lange auf diese Tür, die zuging, daß wir die andere gar nicht mehr sehen, die sich neu für uns geöffnet hat.“ Ein Sprichwort sagt es ähnlich: Wenn Gott eine Tür zumacht, öffnet er ein Fenster.

Es gibt Dinge, die sind so, wie sie sind. Und sie sind so, weil sie so sind. Es bringt nichts, nachzugrübeln, was wäre oder was gewesen wäre – „wenn“. Laß sie einfach sein.

Sich nicht am eigenen Frust verschlucken.
Zur rechten Zeit seine Meinung
klar und laut sagen.
Nach einem Gewitter gibt es frische Luft.

„Gott hat einen großen Radiergummi“, hat ein Theologe gesagt. Vergrab dich also nicht in deinen Schwächen.

Das Leben ist viel zu kurz,
um sich ständig mit Fehlern aufzuhalten
oder sich zu ärgern.

Henry Ford:
Suche nicht Fehler.
Suche Lösungen.

Ohne Fehler ist keiner.
Nicht einmal du.
Irren ist menschlich –
und es ist großartig,
daß man seine Fehler einsehen
und sie korrigieren kann.

Mitten in einem Streit der inneren Stimme recht geben, die sagt: Lohnt nicht! Und mit einem Lachen Frieden schließen.

Suche eine positive Einstellung, zur Vergangenheit ebenso wie zur Zukunft. Sag ja zu dem, was auf dich zukommen wird. Und sei dankbar für das, was war.

Eine Lebensregel Arthur Schopenhauers:
„Unseren Wünschen ein Ziel stecken,
unsre Begierden im Zaum halten,
unsern Zorn bändigen,
stets eingedenk sein,
daß dem Menschen
ein unendlich kleiner Teil
alles Wünschenswerten erreichbar ist
und sehr viele Übel unvermeidbar sind."

Sich von anderen nicht zum Heulen bringen lassen. Sponti-Spruch: „Ich schäle, bis die Zwiebel weint."

Alles eine Frage des Bewußtseins:
„Früher war ich eitel.
Heute weiß ich, daß ich schön bin."
(Graffiti)

„Du bist zu schnell gerannt für das Glück. Jetzt, wo du müde bist, holt das Glück dich ein." In diesen Worten Friedrich Nietzsches steckt ein Trost für alle Schnellen. Aber auch die Hoffnung: Wer warten kann, der darf auch etwas erwarten – vielleicht sogar das Glück.

Geschichte eines Therapeuten, der den vom fehlenden Erfolg ganz unglücklichen Klienten auf einen Steinmetz hinwies: Der Steinmetz schlägt hundertmal auf eine Stelle, ohne daß auch nur der kleinste Riß sichtbar ist. Aber beim hundertundeinten Schlag springt der Stein plötzlich entzwei. Nicht der letzte Schlag hat den Erfolg gebracht, sondern die hundert vorausgegangenen.

Nicht aufgeben. Man muß zwanzig Jahre lang hart arbeiten, wenn man über Nacht Erfolg haben will, hat ein amerikanischer Filmstar einmal gesagt.

Hetze und Unentschlossenheit sind nur zwei Seiten einer falschen Haltung: Laß dir Zeit und handle, wenn es nötig ist.

Wer alles gleichzeitig tun will, tut sich selbst nichts Gutes. Mach das Wichtige. Dann sieh weiter.

„Du kannst noch so oft an der Olive zupfen, sie wird nicht eher reif" – sagen die Bauern in der Toskana. Gut Ding braucht Weile, heißt es bei uns. Eile verdirbt die Qualität.

Alle guten Dinge brauchen Zeit. Auch alle guten Lebensmittel. Auch ein guter Wein. Zeit ist selbst ein Lebensmittel. „Nimm dir Zeit“, sagen die Gelassenen: „Zeit zum Leben!“

„**Glück braucht Zeit**. Wer zu schnell zu viel will, hat keine Zeit, um glücklich zu sein. Zeit ist keine Schnellstraße zwischen Wiege und Grab, sondern Platz zum Parken an der Sonne.“ (Phil Bosmans)

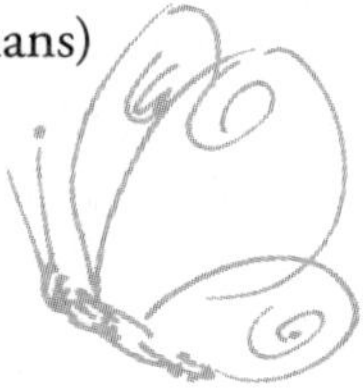

Stau. Verspätung. Verzögerung. Warten – kein Grund, um ungeduldig zu werden. Warten als Chance, als Glück. Denn wer wartet, hat etwas, was viele nicht haben: Zeit. „Ist Warten nicht ein Geschenk, in dem der Weg zu sich selbst verpackt ist?" (Peter Heintel)

Einen Tag bewußt im Schneckentempo leben: Sich eine Stunde nach der anderen in aller Ruhe um die Ohren schlagen – Inbegriff des Glücks. Die Chinesen haben es für eine göttliche Eigenschaft gehalten, einen Tag lang ungestört in Muße zu leben.

Öfter mal Dreitageferien machen. Nimm dir den Freitag oder Montag frei. Es ist eine Brücke über die Alltagsroutine.

Spazierengehen in der eigenen Stadt: So wie ein Zitronenfalter – ohne Plan. Oder wie ein Hund, den man von der Leine gelassen hat: Schlendern – ein „Nippen an der Welt." (Sigismund von Radecki)

Versuch wieder mehr zu gehen.
Übe ganz bewußt das Schlendern ein.
Geh langsam.
Lauf dir nicht voraus und nicht davon.
Johann Gottlieb Seume, der zu Fuß nach Syrakus ging: „Es würde alles besser gehen, wenn wir mehr gingen."

Gehen als Meditation: Laß dich nicht treiben. Nicht von außen und nicht von innen. Spür den Boden unter dir, die Erde, die dich trägt. Achte darauf bei jedem Schritt. Dann ist Gehen nicht eine Fortbewegungsart, sondern Leben – Schritt für Schritt.

Langsam leben,
sich zwischendurch umdrehen:
„Denn alle rennen nach dem Glück.
Das Glück rennt hinterher."

Wer zu schnell ist,
den straft das Leben.

Ruhig dasitzen,
nichts tun,
der Frühling kommt, und
das Gras wächst von selbst.
(Zenspruch)

Die sich beeilen,
kommen nicht an.
(Zenspruch)

Keine Schneeflocke
fällt jemals
auf den falschen Platz.
(Zenspruch)

Der Himmel liegt in den anderen

Lebe einzeln und frei wie ein
Baum,
aber brüderlich
wie ein Wald.
(Nazim Hikmet)

Der Weg zum inneren Glück
führt über den anderen.
Selbst Feinde
können auf diesem Weg wichtig werden:
„Mitgefühl ist der Pfad
zum eigenen Glück.
Und um Mitleid zu üben,
müssen wir Toleranz,
Vergebung und Geduld üben,
die Gegenstücke zur Wut."
(Dalai Lama).

Die Wahrheit über das Glück steht nicht nur in Büchern. Man kann sie ganz in unserer Nähe erfahren.
Im Büro.
In der Nachbarschaft.
In der eigenen Familie.
Man findet sie im Urlaub. Man trifft sie im Zug. Am Strand und anderswo.
Unter Alten ebenso wie unter Jungen.
Sprich mit Menschen, die das ausstrahlen, was alle suchen:
Zufriedenheit,
Gelassenheit,
Heiterkeit.

Von allen kannst du etwas lernen.
So klug du auch selber sein magst:
Jeder Mensch ist ein Ignorant,
nur in verschiedener Hinsicht.
Und jeder ist ein Weiser,
nur jeder auf andere,
auf seine Weise.

Einsames Glück ist nur schwer vorstellbar.
Wer sich größer und besser fühlt als alle andern,
hat schlechte Karten für das Glück.
„Herabsehen auf andere", hat jemand gesagt,
„sollte man nur, wenn man ihm aufhelfen will."

Mit anderen Menschen wie mit der Natur in Einklang leben – ihre Wärme, ihr Licht, ihre Sonne spüren.

Vertrauen schenken
und vertrauen dürfen.
Sich jemand zugehörig fühlen.
Intimität genießen:
Jemanden haben
bei dem die eigenen Geheimnisse gut
aufgehoben sind.

Eine unerwartete Umarmung,
ein ehrliches Schulterklopfen.
Sympathie und Wohlwollen eines anderen
spüren:
Nähe, die guttut.

Jemanden zum Zuhören haben.

Sich umarmen – und sich trösten lassen.

Voll und ganz vertrauen dürfen.
Und: Vertrauen als Geschenk erhalten – wo man es nicht erwartet hat.

Aus dem Wissen leben, daß wir aufeinander angewiesen sind:
„Gott belohnt nicht den Erfolg, sondern das Vertrauen", hat jemand gesagt.
„Wissen, daß ein anderes Leben einfacher geworden ist, weil du gelebt hast: Das bedeutet erfolgreich gewesen zu sein."

Nach langer Abwesenheit heimkommen
und wissen, daß man erwartet wird,
von Menschen,
von den vertrauten Dingen –
welch ein Glück.
„Eines der ältesten menschlichen Bedürfnisse ist, jemanden zu haben, der sich fragt, wo du bist, wenn du abends nicht nach Hause kommst.“ (Margaret Mead)

Mit guten Nachbarn in Vertrautheit leben.
Sich gegenseitig helfen.

Krank sein, und lieben Besuch bekommen.

Sehen, wie ein Freund, der schwer krank war,
von Tag zu Tag gesünder wird.

Ein unerwartetes Geschenk bekommen.

Selber das passende Geschenk für jemand
finden.

Mit einem Kuß geweckt werden.
Einschlafen mit einem zärtlichen Wort.

Ein freundliches Wort von einem Unbekannten, ein strahlendes Lächeln, mit dem man nicht gerechnet hat.

Sich irgendwo zugehörig fühlen. Sich verwurzelt fühlen in einer Sprache, einem Dialekt, einer Landschaft, einer Kultur: Heimat.

Freundlich sein, anderen zuhören, sich Mühe geben. Mehr geben. Und mehr zurückbekommen.

Nähe und Intimität erfahren. Zärtlichkeit täglich leben.
„Gelobt sei, was zart macht.“ (Graffiti)

Einen Menschen kennen, mit dem man über alles reden und über alles schweigen kann.

Gefühle nicht investieren, sondern verschenken.

Freunde – die nicht neidisch sind, wenn es dir gutgeht, sondern die sich mitfreuen. Die in allen Situationen mitempfinden. Und auf die man zählen kann, wenn es einem schlechtgeht: „Die Fähigkeit, Freundschaft zu gewinnen, ist unter allem, was Weisheit zur Glückseligkeit beitragen kann, bei weitem das Bedeutendste." (Epikur)

Der unerwartete Anruf einer alten Freundin, eines alten Freundes, den man aus den Augen verloren hat. Selber einen Brief schreiben und sagen, wie oft man an die alten Zeiten denkt.

Glücklich, wer einen Freund hat,
wenn die Tage finster
und die Nächte quälend werden.
Einen Freund, der mit mir redet,
wenn ich verzweifelt bin
und der schweigt,
wenn die Seele Stille braucht.
Glücklich, wer diese Umarmung
aus der Ferne spürt
und ein freundliches Lächeln
aus der Nähe.
Mehr muß nicht sein.
Das ist mehr als genug.
(Kurt Hock)

Du denkst an jemanden, von dem du lange nichts mehr gehört hast. Und plötzlich ruft er an. Oder sie hat geschrieben. Ist das nicht Glück?

Auf dem Bahnsteig einer fremden Stadt von einem lieben Freund abgeholt werden. Das vertraute Gesicht entdecken in der Menschenmenge.

Mit sympathischen Menschen auch im Alltag zusammensein: Der Filmregisseur und Künstler Jean Renoir, in hohem Alter: „Ich glaube, es gibt ein Rezept für das Glück: mit Menschen zusammenzuarbeiten, die man liebt und die einen selber lieben."

Mit anderen etwas gemeinsam tun: Ein Theaterstück proben. Eine Wanderung machen. Ein Lied einstudieren.

Sich über Lob – und Komplimente – von anderen freuen.

Das Match der Lieblingsfußballmannschaft im Stadion besuchen. Und sie gewinnt das entscheidende Spiel in letzter Minute.

Ein Freund hat geschrieben, nach langer Zeit, einen ganz ausführlichen Brief, voller Einzelheiten. Eine ruhige Stunde suchen und jede Zeile genießen. Die Zeit auskosten, die er dir mit diesem Brief geschenkt hat.

Ganz zufällig den Brief einer alten Freundin finden. Die Erinnerungen hochsteigen lassen.

Sich mit einem geliebten Menschen austauschen, von gleich zu gleich, über alles, neugierig, auch staunend. „Ohne den anderen erfährt man ja nichts über sich selbst, und wenn man noch so lange in den Spiegel guckt." (Hannelore Hoger)

Ein Essen mit Menschen, die du magst. Es trägt übrigens auch zur Gesundheit bei. Das haben Wissenschaftler festgestellt: Unser Körper verarbeitet und verdaut ein Essen besser, das mit Liebe gekocht und mit Liebe gegessen wird: „Ein lächelndes Gesicht ist das halbe Essen.“ (Lettisches Sprichwort)

Nähe genießen.
Sich in den Arm nehmen lassen.
Jemand in den Arm nehmen und drücken.
„Wir berühren den Himmel, wenn wir mit unseren Händen den Körper eines anderen Menschen berühren.“ (Novalis)

Halte jeden Neid fern von dir.
Wer glücklich ist, mißgönnt anderen nichts:
„Niemals wirst du glücklich sein,
wenn es dich quält,
daß ein anderer glücklich ist.“
(Seneca)

Eine jahrtausendalte Weisheit,
die auch heute gilt:
„Der Sieg brütet Haß aus.
Derjenige, der den Sieg
und die Niederlage aufgegeben hat,
der ist zufrieden und glücklich.“
(Dhammapada)

Georg Christoph Lichtenberg:
„Dauerndes Glück
ist nur in der Aufrichtigkeit zu finden.“

„Zwei Sachen sind schlecht für das Herz –
einen Berg hoch laufen
und Leute herunterputzen."
(Bernard Gimbel)
Wer anderen vergibt, wird selber frei.
Heute ist der beste Tag, um frei zu werden.

Sich nicht fürchten vor Auseinandersetzungen. Aber sich versöhnen nach einem Streit.

Nach einem heftigen Streit mit dem Liebsten – die Sonne darüber nicht untergehen lassen. Und sich versöhnen: Welch ein Grund zum Feiern!

Aus einem Buch des chinesischen Schriftstellers Chin Shengt'an (17. Jahrhundert): „Soeben alle Schulden zurückbezahlt haben. Ist das vielleicht nicht Glück?"

„Alte Schulden“ nicht ewig nachtragen. Sich befreien auch von Verletzungen der Kindheit und vom Hader gegenüber Menschen, die uns etwas „schuldig geblieben“ sind – Eltern, Geschwister, Erzieher: Schmerzliche Gebundenheiten an die Vergangenheit lösen und in gute Verbundenheit verwandeln. Wichtige Menschen aus unserer eigenen Lebensgeschichte nicht verdrängen, sondern ihnen einen Platz in unserem Herzen geben.

Erinnere dich an die unerwartete Gastfreundschaft fremder Menschen, irgendwo in einem anderen Land. Und versuche, dich zu revanchieren. Möglichkeiten genug gibt es, auch hier.

Martin Buber hat gerne an einen Spruch seiner Großmutter erinnert: „Einen Engel erkennt man erst, wenn er vorübergegangen ist.“ Behandle jeden fremden Menschen so, als könnte gerade er dieser Engel sein.

Ein erprobtes Mittel gegen das Ausgebranntsein: Vergiß dich selbst und hilf einem andern.

Ein Obdachloser pumpt dich um Geld an: Sprich ein paar Sätze mit ihm, kauf ihm etwas zum Essen. Halte Menschen, die in Schwierigkeiten sind, nicht auf Distanz, geh auf sie zu.

Kleine Freundlichkeiten für andere: Dem Ausländer, der sich in der Stadt verirrt hat, weiterhelfen. Ein liegengebliebenes Auto mit anschieben. Einer Mutter den Kinderwagen in die Straßenbahn heben.

Anderen etwas geben,
auch wenn man ihnen nichts schuldig ist:
„Der wahre Sinn des Lebens
besteht darin,
Bäume zu pflanzen,
unter deren Schatten
man wahrscheinlich nie sitzen wird.“
(Nelson Henderson)

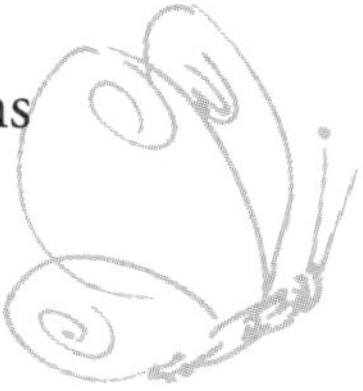

Helfer-High: Wer regelmäßig anderen Menschen hilft, fühlt sich gesünder. Er bekommt innere Kraft zurück, sieht das Leben anders, lebt selber zufriedener, erfährt eine Hochstimmung.

Kleine Taten aus Güte,
kleine Worte aus Liebe
lassen die Erde freundlicher werden
wie der Himmel über uns.
(Julia Fletcher Carney)

Eine Anstrengung
für das Glück anderer
gibt uns selbst Aufschwung.
(Lydia M. Child)

Wofür leben wir eigentlich,
wenn es nicht darum geht,
es sich gegenseitig
weniger schwer zu machen?
(George Eliot)

Der beste Weg, sich selbst aufzumuntern, ist nur zu versuchen, einen anderen aufzumuntern. (Mark Twain)

Geben ist seliger als Nehmen. Das Gefühl des Überflusses spürt am intensivsten, wer großzügig gibt.

Von Herzen schenken.

Ein Spruch der Indianer: Was nicht gegeben wird, ist verloren.

Auf dem Grabmal Gandhis steht der Satz:
„Denk an die ärmste Person,
der du je begegnet bist,
und überleg dir,
ob deine nächste Handlung
ihr eine Hilfe sein wird.“
Wer andere glücklich macht,
wer freundlich ist,
sich mit ihnen freut,
mit ihnen teilt –
der öffnet sich einen Weg für das eigene Glück.

Geh großzügig mit deinem Wissen und deiner Erfahrung um, laß andere daran teilhaben. Großzügigkeit gegenüber anderen zahlt sich auch für dich selber aus – auch wenn es nicht um Geld geht. Sei bereit, mehr zu geben, als du zurückbekommst – und versuche in diesen Dingen nie, andern etwas vor- und nachzurechnen.

Sei Menschen gegenüber schon am frühen Morgen freundlich. Da haben viele es am meisten nötig. Tu es, nachdem du mit dir selber angefangen hast. Beim ersten Blick in den Spiegel, noch vor dem Zähneputzen: Einfach lächeln! Lächeln ist die kleine Schwester der Liebe.

Sei dankbar.
Und sag es den Menschen,
denen du dankbar bist.
Vielleicht wissen sie es gar nicht.
Du machst ihnen und dir selber dadurch ein Geschenk.

Loben, danken, ermutigen – dreimal täglich mindestens. Auch in kleinen Dingen. „Zu positiven Nebenwirkungen fragen Sie Ihre Mitmenschen." (In der Regel muß man gar nicht fragen.)

Sei positiv.
Sieh das Gute, Hoffnungsvolle, Ermutigende.
Und wenn du es gesehen hast:
sag es den anderen weiter.
Das Leben wird sich ändern.

Jedem tut Aufmerksamkeit gut.
Deine Aufmerksamkeit kann andere für einen Moment glücklich machen. Also:
Komplimente machen – für das neue Hemd, das neue Kleid, das richtige Wort, das köstliche Essen, die kühne Frisur.

Übung für einen Tag: Wenn du jemand kritisieren willst – lobe ihn statt dessen. Probier es einfach aus: Du wirst dich wundern.

Mitspieler sein. Sich einlassen auf Ideen und Einfälle anderer – und mit Begeisterung mitmachen.

Freu dich, wenn du selber gelobt wirst.
Akzeptiere es, besonders wenn es schwerfällt.
Und lobe andere ungehemmt.
Lob vermindert Streß.

Einen Tag lang nur die guten Seiten in allen Menschen sehen, mit denen man zu tun hat. Das hebt die eigene Laune.

Anerkennung läßt alle Menschen aufblühen.
Nicht nur dich.
Geize nie mit Anerkennung –
das Resultat wird ganz erstaunlich sein.

Zeig anderen nicht nur deinen Frust, sondern auch deine Sympathie, deine Freude mit. Es wird sich für alle lohnen, auch für dich.

Glück kann man nicht zwingen und nicht unter Kontrolle halten.
So wenig wie andere Menschen.
Sei offen das, was auf dich zukommt.

Niemand muß alle Dinge selber in die Hand nehmen,
wenn er mit einem anderen zusammen ist.
(Zwischenruf einer Ehefrau:
Nicht einmal die Fernbedienung.)

Freu dich am Lachen anderer.
Ein spontanes Lachen –
das ist wie unerwarteter Urlaub vom Alltag.

Gute Laune reflektiert.
Sie strahlt aus –
und zurück.

Pflege die Freundschaft mit witzigen Menschen.
Lachen ist gesund. Suche Menschen, die gerne lachen. „Ein fröhlich Herz tut auch dem Körper gut“ (Sprüche 17,22).

Lachen ist eine Stärke – vor allem, wenn man über eigene Schwächen lachen kann. Lachen verringert den Abstand zum anderen. Es macht das Zusammenleben bequemer: Humor ist wie die Federung in einem Auto. Wer keine hat, wird ausgesprochen holpern

Lachen, hat jemand gesagt, sei die Marmelade auf dem Toast des Lebens: Es bringt Geschmack. Es verhindert, daß es zu trocken wird. Und so schluckt sich manches leichter.

Man kann viel Zeit mit allen möglichen Menschen verlieren, mit denen alles an der Oberfläche und flüchtig bleibt: Nimm dir deine Zeit bewußt für deine wahren Freunde, sie verdienen es.

Sich mit anderen Menschen wirklich austauschen. Zeit haben für Gespräche ohne Zweck und Absicht. Das kann der Seele guttun: Mit Pausen, mit Schweigen und Zuhören.
Mit der Chance zur Tiefe.
Sich verführen lassen von dem, was einem in den Sinn kommt.

Der Kalif Ali ben Ali Thaleb:
„Ein kluges Gespräch,
das ist der Garten Eden.“
Das Paradies braucht Zeit.
Aber es lohnt sich.

Mit vertrauten Menschen
über seine Gefühle reden:
Geteilte Freude – doppelte Freude.
Geteiltes Leid – halbes Leid.
(Sprichwort)

„Ohne Freundschaft wird niemand sein
Leben zu führen wünschen“,
sagt Aristoteles.
Freundschaften
fallen keinem in den Schoß.
Pflege Freundschaften
zu alten und zu jungen Menschen.
Gib deinen Freunden Zeichen deiner
Freundschaft – und schenke ihnen vor
allem deine Zeit.

Hab Mut, nein zu sagen.
Ein solches Nein kann ein Neuanfang für dich selber sein.
Es stimmt:
Wer zu andern immer nur ja sagt,
sagt auch nein zu sich selbst.

Mut macht glücklich.
Und Glück macht Mut.

Couragiert sein, wenn man Unrecht spürt: Wer sich selbst überwindet und – gegen Widerstände von außen und gegen innere Ängste – zu dem steht, was er als richtig erkannt hat, wird danach ein unbeschreiblich gutes Gefühl haben. Auch wenn ihm sein Verhalten Nachteile eingebracht hat.

Liebe, Freunde, Familie, Gesundheit – das sind die Dinge, auf die es für die meisten ankommt im Leben: Glücksbedingungen, für die du ganz persönlich etwas tun kannst.

Die Erde kann ein guter Ort sein.
Je mehr wir in der Lage sind,
uns selbst und andere zu lieben –
desto besser wird sie.
Für uns und auch für andere.

Der französische Forscher Teilhard de Chardin hat gesagt: Die Erde müßte mit Liebe durchdrungen werden – „durchliebt“. Was hieße es für unser eigenes Leben? Für dich?

Liebesglück

Glück –
das ist der Lohn der Liebe.
(Zen-Weisheit)

Zum Glück gibt es die Liebe.
Warum braucht jeder Liebe?
Weil erst die Liebe
unsere besten Seiten,
unser wahres Selbst
zum Vorschein kommen läßt.
Wer geliebt wird,
dem kann nichts besseres passieren.
Er kann in den Augen eines andern so
erscheinen, wie er in seinen besten
Möglichkeiten wirklich ist –
himmlisch,
vollendet,
schön.

„Wo große Liebe ist,
gibt es immer Wunder.“
(Willa Carther)
Eines der Wunder:
Wer Liebe verschwendet,
erhält sie in Fülle zurück.
Liebe ist das einzige Gut,
das sich vermehrt,
wenn man es weggibt.

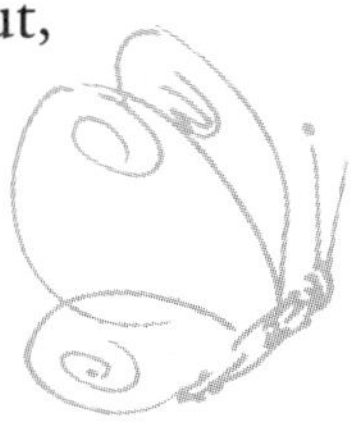

Eine leidenschaftliche Köchin:
„Liebe ist
wie das Fleisch
und die Kartoffeln des Lebens,
während das Glück
der Wein ist
und Freude das Dessert.“

Bereitsein ist alles.
Gerade in der Liebe:
Die Liebe kommt zu allen.
Zu alten und jungen.
Mädchen und Jungen.
Großen und kleinen.
Häßlichen und Schönen.
Früher oder später.
Planen läßt sich nichts.
Herz und Augen offenhalten,
und bereitsein.
Das ist alles.

Spruch eines jungen Mädchens:
„Um dich zu verlieben,
müssen die Sterne günstig stehen
– und du selber auch."

Der erste Blick. Die erste Hoffnung. Die erste Liebe

Der erste Kuß. Der zweite Kuß. Küsse. Küsse.

Schmetterlinge im Bauch.

Die erste große Liebe. Späte Liebe. Ewige Liebe.

Ein Liebesbrief, der beantwortet wird und Hoffnung macht.

Liebesgedichte.

Man kann etwas für die Liebe tun.
Jeden Tag.
Zeig dem liebsten Menschen, den du hast,
wie viel er dir bedeutet.
Zeig es am Morgen und am Abend.
Und sei phantasievoll in der Art,
in der du es ihr oder ihm sagst.

Erinnere dich
an die erste Liebe deines Lebens.
Vergegenwärtige dir die Fülle der Gefühle,
die damit verbunden war.

Praxis ist alles.
Nur durch Lieben
werden wir Meister
in der Kunst des Liebens.

Liebe und Partnerschaft kreativ zum Kunstwerk machen. Jeder Tag ein Happening. Oder ein Duett. Übung macht den Meister.

Phantasie und Leben in einer alten
Beziehung erhalten und intensivieren.
Tiefe und Stabilität in einer jungen Beziehung
entwickeln.
Gelebte Gegenwart – das ist es,
in beiden Fällen.
Und das ist keine Frage des Alters.

Man sollte in einer guten Partnerschaft
alles teilen,
nicht nur Tisch und Bett.
Sondern auch den Abwasch
und den Hausputz.
Vor allem aber seine Zeit
und seine Gefühle.

Der Rat eines Achtjährigen an seine ältere Schwester mit Liebeskummer: „Schnitzt doch eure Herzen mit den Namen in eine Baumrinde. Dann wird euer Glück immer halten. Ich habe das in einem Film gesehen. Da blieben die beiden auch zusammen. Bis der Film zu Ende war." Warum sollte das Leben kein happy-end haben?

Phantasie kennt keine Grenzen. Der Rat einer Siebenjährigen für ihre Eltern: „Legt euch Liebesbriefe auf den Kühlschrank. Dann werdet ihr jedesmal, wenn ihr Hunger habt, an die Liebe und nicht nur an das blöde Gemüse denken!"

Rezept für eine glückliche und lange Partnerschaft: „Halte zwei Hölzer zusammen, nah genug, daß sie einander Wärme geben, und weit genug auseinander – etwa einen Fingerbreit –, daß sie atmen können. Ein gutes Feuer, eine gute Partnerschaft, das gleiche Gesetz.“ (Marnie Reed Crowel)

Wenn es Zoff in der Beziehung gibt –
ruhig bleiben.
Das ist besser für das Klima.
Und für die Verdauung.

Erinnere dich in deiner Beziehung immer wieder daran,
was euch zusammenführte.

Mal wieder mit dem eigenen Partner flirten,
mit den Augen
und mit kleinen Gesten.
Bring deine Phantasie ins Spiel.
Genieß den Zauber,
die Leichtigkeit
und die Grenze.
„Beim Flirten schwebt man
wie eine schillernde Seifenblase
über dem Ernst des Lebens.“
(Reimar Zeller)

Keine Hektik in Liebesdingen.
„Es hat keinen Zweck,
nach der Liebe zu suchen.
Sie kommt zu dir,
wenn du dich vom Suchen ausruhst.“
(Elizabeth Heller)

Liebe kann man nicht erzwingen und nicht kaufen.
„Mehr als Geld brauchst du Liebe.
Liebe ist die Kaufkraft des Glücks."
(Phil Bosmans)

Schaff Zeit für die Liebe.
Für einen immer neuen *honeymoon.*
Lebe nach der neuen Devise:
Nicht „Time is money"
Sondern „Time is honey".

Verheiratet – und auch nach all den Jahren immer noch verliebt.
Immer noch gücklich sein, weil der glücklich ist, den ich liebe.

Gewöhn dich nie an deine Liebe.
Gib dem ersten Anfang immer wieder
eine Chance.
Benimm dich wie am ersten Tag.
Sei charmant
und aufmerksam
wie bei euren ersten Treffen.

Laß den anderen nicht raten,
daß du ihn magst.
Nicht einen einzigen Tag in der Woche.

„**Ich liebe dich**!“: Das kann man auch ohne Worte klar und deutlich sagen. Denk dir für heute sechs verschiedene nonverbale Sprachen dafür aus.

Ein alter Mann nach über 60 Jahren Ehe: „Es gibt junge Leute, die können nicht verstehen, was es meiner Frau und mir bedeutet, die Hand des anderen zu halten. Es ist ein einzigartiger Genuß. Nur wer durch viele Tiefen und Höhen des Lebens gemeinsam gegangen ist, kann diese Freude erfahren.“

Einsicht eines alten Paares, das seit über 50 Jahren zusammenlebt: Eine Voraussetzung hat das Glück: Sei nicht nachtragend. Vergib: Anderen. Dir. Der Vergangenheit. Auch Gott.

Wenn in der Familie alle zu ihrem Recht kommen und man sich jeden Tag aufeinander freut: „In einer friedlichen Familie kommt das Glück von selber.“ (Chinesisches Sprichwort)

Träum nicht vom Millionär,
vom Filmstar
und vom Märchenprinz.
Mach den Traum vom Glück
mit deinem realen Partner
nicht erst morgen
wahr.

Zärtlichkeit, die Fähigkeit, seine Freude und gute Stimmung zu zeigen, ist nicht nur eine Eigenschaft für Frauen. John Ruskin hat gesagt, diese Fähigkeit sei für das Herz eines gesundes Mann ebenso normal, wie eine gesunde Farbe für seine Wangen.

Schreib dir „sieben geliebte Dinge" auf – und freu dich an ihnen. Teile sie einem geliebten Menschen mit.

Mach eine Liste mit den „zehn liebsten Dingen" deines Partners / deiner Partnerin. Und erweitere sie auf zwölf.

Einen Band mit Liebesgedichten kaufen.
Die Texte gemeinsam lesen, wenn viel Zeit ist.

„Ich liebe dich" – eine Zauberformel.
Mach ein Alltagsmantra draus.

Wenn sonst nicht viel Zeit bleibt und beide vielbeschäftigt sind: Mindestens einmal im Monat ein gemeinsames Wochenende planen. Nur zu zweit.

Wer in einer Beziehung glücklich werden will, darf nicht fragen: „Was habe ich davon? Was bekomme ich?“ Die Frage ist: „Was kann ich geben?“ Wer in einer Beziehung glücklich ist, wird es bestätigen: Geben und Nehmen sind das Gleiche. Es gibt keinen Unterschied.

Viel zu lieben bedeutet,
viel zu leben,
und für immer lieben heißt
für immer leben.
(Anonym)

Ewige Liebe?

Freundschaft für's Leben ist nicht die
schlechteste Umschreibung dafür.
Aber Freundschaft ist ein Tätigkeitswort.
Man muß etwas tun dafür,
am besten jeden Tag.

Versuch dich selbst mit den Augen von jemand zu sehen, der dich sehr mag. Und nimm diese Sicht von außen in das eigene Selbstbild auf!

Mit dem Liebsten die Zukunft planen, einfach Pläne schmieden und sie gemeinsam verwirklichen.

Schöne Träume: sich daran erinnern und sie dem Liebsten erzählen.

Einen Blumenstrauß schenken, ganz ohne Anlaß, an einem Wochenanfang, einfach so.

Mit dem Liebsten einen Kanon singen: laut und schön falsch!

Mit einer Grippe im Bett liegen, sich umsorgen lassen. Morgens beim Frühstück einen Zettel mit lieben Wünschen finden.

Etwas Spontanes tun: für sich und die Liebste eine Kinokarte kaufen für einen Film, der sicher gefällt.

Mitten in der Woche den Liebsten einfach „ausführen“: in ein kleines Restaurant, sich frisch verliebt fühlen.

Keiner, der liebt, ist ganz unglücklich.
Sogar eine unerwiderte Liebe
hat ihre Regenbogen.
(James M. Barrie)

Liebeskummer? „Nur ein gebrochenes Herz ist ein ganzes Herz“, heißt es bei den chassidischen Meistern. Das Herz, das aufbricht, sagen sie, kann das ganze Universum in sich tragen.

Das Ende einer Beziehung? Es gibt kein absolutes Ende. Jedes Ende ist zum Glück der Beginn einer neuen Geschichte.

Was tut man nach einer gescheiterten Liebe? Laß ruhig deinen Tränen freien Lauf, aber dann laß dich beim Frisör auf andere Gedanken bringen, iß Schokolade so viel dir schmeckt, fahr nach Sylt oder an den Gardasee. Verwöhn dich außer der Reihe, rundum. Aber dann komm zurück und leb das Leben weiter. Bleib am Ball.

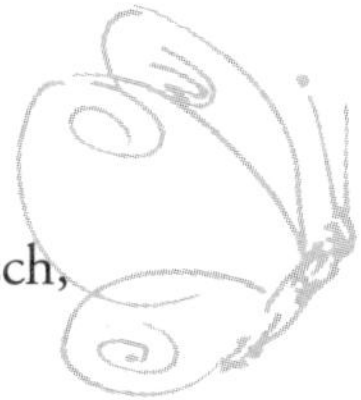

Du selbst bist kein halber Mensch,
auch wenn du allein bist.
Deine Schönheit liegt in dir.
Liebe dich selbst – und du wirst nie von anderen abhängig sein. Wer sich selber liebt, kann frei sein.

Die letzte Lektion,
die wir alle zu lernen haben,
ist die bedingungslose Liebe,
die nicht nur andere einschließt,
sondern genauso gut uns selbst.
(Elisabeth Kübler-Ross)

Nichts ist gefährlicher für das eigene Glück als Angst. Viele Menschen haben es aber erfahren:
Du kannst deine Furcht bekämpfen – einfach, indem du das tust, wovor du Angst hast.
Sicher: Etwas zu tun, ist riskant.
Aber sich in seiner Angst einzurichten und nichts zu tun, ist auf Dauer gefährlicher.
Das Glück ist mit den Mutigen.
Auch in der Liebe.

Kehre zu einem Lebensaugenblick
zurück,
in dem du dich tief geliebt wußtest ...
Wie drückte sich diese Liebe zu dir aus?
In Worten, Blicken, Gesten,
in einer Hilfe, einem Brief? ...
Verweile bei diesem Augenblick,
solange du etwas von der Freude spürst,
die dir diese Liebe gab.
(Anthony de Mello)

Lebenszeiten

Es dauert sehr lange,
bis man jung ist.
(Pablo Picasso)

Der Anblick eines Neugeborenen –
der Zauber des Neuen.

Ein schlafendes Baby – Bild der
Geborgenheit.

Wie Kinder sich entwickeln:
Das erste Lächeln.
Der erste direkte Blick.
Ein lautes Krähen, ein Juchzen.
Das erste Wort. Das erste „Mamma!"
Erste Torkelschritte.
Der neue Anfang, den Kinder möglich machen.

Das Strahlen kleiner Kinder, das alles entwaffnet – Ausdruck reiner Daseinsfreude.

Ein Kind, das einem die Arme entgegenstreckt: Vertrauen, das Herzen schmelzen läßt.

Ein selbstgemaltes Bild von einem Kind geschenkt bekommen.

Kinder unter dem Weihnachtsbaum – wenn ihre geheimsten Wünsche, die sie dem Christkind schrieben, in Erfüllung gingen.

Kinder in Gummistiefeln, die abseits aller Erwachsenen, durch Regenpfützen hüpfen: Souveräne im „Königreich Matschedonien“. (Sarah Kirsch)

Das Geschrei im Freien spielender Kinder – musikalisch wie das Zwitschern von Vögeln.

Wenn Kinder etwas geübt haben, voller Hingabe und Ausdauer – ein Gedicht, ein Musikstück, ein Theater. Sie haben es aufgeführt, und es ist gelungen. Freude auf ihren Gesichtern. Ein Glück, das zurückleuchtet.

Einem Kind eine Gute-Nacht-Gechichte vorlesen – und es schläft tatsächlich ein!

Als Vater mit seinem Kind alleine etwas unternehmen: Eine lange Wanderung. Drachen steigen lassen. Eine Segeltour. Eine Übernachtung im Freien.

Kindern zusehen, die bunte Luftballons steigen lassen, sie loslassen und mit den Augen bis in den Himmel verfolgen, bis sie verschwinden.

Zusehen, wie Kinder über die Maßen glücklich sein – und das auch zeigen können. „Eine der größten Leistungen der Vorsehung ist das Glück der Kinder." (Antoine de Rivarol)

Das Paradies:
als Kind an der Hand einer vertrauten
Person
durch eine aufregende, bunte Welt
geleitet werden –
das Leben ein schönes,
nie gefährdetes Abenteuer.

Was Kinder und Erwachsene glücklich macht:

Riesenradfahren. Seifenblasen machen.
Schaukeln.
Pommes mit Ketchup.
Großes Eis im Hörnchen.
Plätzchen backen.
Kirschkernweitspucken.
Ostereier suchen.
Geschenke auswickeln.
Bahnfahren.
Mit der Spielzeugeisenbahn spielen.
Auf einer Mauer balancieren.
Verstecken spielen. Sich verkleiden.
Um die Wette rennen.
Auf einen Baum klettern.
Trösten.
Trommeln. Krach machen.

Sandburgen bauen. Wasser stauen.
Im Schwimmbad planschen.
Schneeballwerfen. Schneemänner bauen.
Mit dem Gartenschlauch spritzen.
Von früher erzählen.
Kinderfotos der Eltern gemeinsam angucken.
Kastanien sammeln.
Ein Besuch im Zoo.
Den Affen zusehen.
Löwen betrachten.
Eisbären bewundern.
Kitzeln und sich kitzeln lassen.
Reime erfinden.
Blödeln. Quatsch machen.
Neue Wörter erfinden.
Geschichten vorlesen.
Witze erzählen.
Kissenschlachten.
Streicheln. In den Schlaf singen.

In einem Antiquariat ganz ziellos stöbern – und plötzlich auf das Buch stoßen, das man als Kind so heiß geliebt hat.

Sehen, wie Kinder sich entwickeln: Wenn auch aus den „schwierigen Fällen" etwas geworden ist.

Ein Glück für beide Seiten: Wenn Großeltern ihren Enkeln ihre Zärtlichkeit mitteilen, die sie den eigenen Kindern noch nicht geben konnten.

Sich an den Erfolgen der Kinder freuen.

Trösten können, wenn ein Kind weint.

Persönliche Seelenlandschaften:
Durch die Landschaft der Kindheit reisen.
Innehalten, verweilen – den Zauber der Kindheit vergegenwärtigen und neu erleben.

Das Kinderlachen wieder lernen: Wer lacht, lebt länger.

Das Kind in sich zulassen, seine Neugier, seine Fragen, seine Wünsche, seine Freude, etwas Neues auszuprobieren.
Jeder kann kreativ – und jung bleiben, wie alt er oder sie auch sein mag.

Kindern beim Spiel zusehen – selbstvergessen, in ihrer Welt versunken, ganz bei sich.

Mit den Augen der Kinder die Welt entdecken. So, als sähe man sie zum erstenmal.

Älter werden und immer mehr das Kind in sich entdecken. Sich an Freuden der Kindheit erinnern. Wie geborgen man sich fühlte.

Sich erinnern, wie man sich mit fünfzehn Jahren gefühlt hat. Froh sein, daß das vorbei ist. Und nachsichtig mit den Jugendlichen sein.

Wenn es einmal schwierig wird – einfach abwarten. „Die schwersten Jahre des Lebens sind die zwischen Zehn und Siebzig", sagte eine über Dreiundachtzigjährige.

Kinderfreuden der Erinnerung zurückholen: Ein Vergnügen, das bis ins hohe Alter möglich ist: „Das Großartige am Altern ist, daß man all die früheren Altersstufen, die man durchlebt hat, nicht verliert." (Madeleine L'Engle)

Wieder wie ein Jugendlicher vom eigenen Leben träumen:
Ziele phantasieren.
Pläne schmieden.

Das Altern nicht verdrängen:
„Mit dem Alter ist es wie mit allem.
Man muß jung damit anfangen,
um darin erfolgreich zu sein.“
(Fred Astaire)

Sich gut vorbereiten:
„Alter ist das Unerwartetste,
das einem Menschen passieren kann.“
(Leo Trotzki)

Zur Gelassenheit finden,
je früher, desto besser:
Hetz dich nicht ab,
die Ewigkeit wartet.
Lehn dich zurück,
laß die Welt sich drehen
und versuche nicht,
sie anzutreiben.
Frei nach einem chinesischen
Sprichwort:
„Genieße das Leben,
es ist später,
als du denkst.“

Offen bleiben:
„Meine Augen haben viel gesehen,
aber sie sind nicht müde.
Meine Ohren haben viel gehört,
aber sie verlangen nach mehr.“
(Rabindranath Tagore)

Einsicht einer Achtzigjährigen: „Früher habe ich es gehaßt, älter zu werden, weil ich dachte, ich könnte dann all die Dinge nicht mehr machen, die ich tun wollte. Jetzt, wo ich älter bin, stelle ich fest, daß ich sie gar nicht tun möchte."

Eine – alternative – Weisheit über das „richtige Leben", ausgesprochen von einem über siebzigjährigen: „Wenn ich mein Leben noch mal leben müßte, würde ich die gleichen Fehler wieder machen – nur eher."

Boshafte Altersfreuden – das Rezept stammt von Voltaire: „Ich rate Ihnen, nur weiterzuleben, um diejenigen zu ärgern, die Ihre Rente bezahlen. Das ist die einzige Freude, die mir noch geblieben ist."

Optimisten haben recht:
„Kahlköpfigkeit hat einen Vorteil: es ist ordentlich“ (Yul Brunner).
Auch so kann man es betrachten: „Ich sehe mich selbst nicht als kahl. Ich bin nur größer als meine Haare.“

Wer nicht das Glück der Kahlen hat, tröste sich mit dem Spruch eines anderen: „Ein Haar auf dem Kopf ist soviel wert wie zwei in der Bürste.“

Positiv denken: Wie jener Alte, der sich darüber freut, daß er älter ist als seine Zähne und einen Vorteil noch darin sieht, daß er singen kann, während er sich die Zähne putzt.

Späte Liebe ist wie eine Blume im Winter, sagt ein portugiesisches Sprichwort. Und im Jüdischen heißt es: In der Liebe wie in anderen Angelegenheiten sind die Jungen nur Anfänger. Liebe kommt nie zu spät.

Das Herz, welches liebt, ist immer jung. (Griechisches Sprichwort)

„**B**ald ist mein siebenundachtzigster Geburtstag und die Leute fragen mich, was für ein Geschenk ich am meisten schätzen würde. Ich sage es Ihnen: eine Vaterschaftsklage.“ (George Burns)

Altersweisheit: „Wenn ich gewußt hätte, daß ich so alt werde, wäre ich besser mit mir umgegangen."
Und Mark Twain zum gleichen Thema: „Ich bin ein alter Mann und habe viel Kummer gesehen, aber das meiste davon ist nie passiert."

Schönheiten zeitlebens genießen: „Mein Herz macht einen Sprung, wenn ich am Himmel einen Regenbogen sehe: So war es, als mein Leben begann, so ist es jetzt, da ich ein Mann bin, so wird es sein, wenn ich alt werde. Oder laß mich sterben!" (William Wordsworth)

Gedächtnis aktiv pflegen: „Erinnerung ist das einzige Paradies, aus dem wir nicht vertrieben werden können" (Jean Paul). Aldous Huxley hat das Gedächtnis jedes Menschen „seine private Literatur" genannt.

Um glücklich zu sein in dieser Welt – vor allem wenn die Jugend vorüber ist –, ist es notwendig, daß man sich nicht nur wie ein vereinzeltes Individuum fühlt, dessen Tage gezählt sind, sondern Teil des Lebensstroms, der vom ersten Keim bis in eine ferne und unbekannte Zukunft fließt. (Bertrand Russell)

Es kommt nicht darauf an,
wie *alt* du bist.
Wichtig ist, *wie* du alt bist.
Jean Renoir über das Glück des Alters:
„Wenn man achtzig ist,
hat es den Vorteil,
daß man viele Menschen lieben konnte."

„Auch das größte Festmahl
hat einen letzten Gang.“
(Chinesisches Sprichwort)

In dir selber ist das Glück

Tief im Winter
lernte ich endlich,
daß in mir
ein unbesiegbarer Sommer lag.
(Albert Camus)

„Der Kern des Glücks: der sein zu wollen, der du bist." (Erasmus von Rotterdam)
Glück kann man nur in sich selbst entdecken.
Woanders ist es nicht zu finden:
Sag daher jeden Tag ja zu dir.
Nur wer sich selber akzeptiert,
kann glücklich sein.
Und nur wer glücklich ist, weiß,
wer er wirklich ist.

Sich selber mögen – und wissen, daß man dabei nicht der einzige ist. Welch ein Glück!

Beim Glück kommt es weniger darauf an, was du bist oder als wer du giltst, als darauf, wer du bist. „Das größte Glück ist die Persönlichkeit“, sagt Goethe. Und Schopenhauer: „Taugt das Selbst nicht viel, dann sind alle Genüsse wie köstliche Weine in einem mit Galle tingierten Munde.“

Sich bewußt machen:
Was war eigentlich für mein Glück
ausschlaggebend?
Oder wer?

Sei großherziger gegenüber Fehlern.
Auch gegenüber deinen eigenen.

Sei dir deiner eigenen Fähigkeiten bewußt.
In dir steckt ein Reichtum,
der auch das Leben anderer Menschen
verändern kann.

Wenn du im Zweifel bist,
oder unsicher –
Vertrau auf deine innere Stimme.
Wer darauf hört,
wird lebendiger werden
und stärker.
Probiere es aus!

Vergleich dich nicht mit anderen.
Du bist einmalig.
„Um glücklich zu sein,
müssen wir nicht zu besorgt sein
um andere Menschen."
(Albert Camus)

Bevor du nicht Frieden geschlossen hast
mit dem, der du bist,
wirst du niemals zufrieden sein
mit dem, was du hast.
(Doris Mortman)

Sei du selbst.
Werde der, der du werden kannst:
„Wenn wir sterben und in den Himmel kommen,
wird uns unser Schöpfer nicht fragen:
Warum hast du keine Lösung für dieses oder jenes Problem gefunden.
In diesem entscheidenden Moment
wird es nur die eine Frage geben:
Warum bist du nicht du selbst geworden?"
(Elie Wiesel)

Sei stolz auf dein Gesicht.
Dein ganzes Leben liegt darin.
Und doch ist es ein Land voller Geheimnisse.

Tränen schaden keineswegs der Schönheit. Sophia Loren: „Wer nie geweint hat, dessen Augen können keine Schönheit ausstrahlen."

Bring Herz und Geist zusammen:
„Vertraue deinem Verstand, wenn er dem Gefühl entspricht." (Wolfgang Tunner)

Laß Spannungen zu.
Gegensätze gehören zum Leben.
Sie machen es spannend und reich.
Nur wer Spannungen zuläßt,
kann sie gestalten.
Laß dich auch auf die eigenen inneren
Gegensätze ein. Liebe dich, wie du bist.

Schaff ruhige Zeiten nur für dich.
Sorg dafür, daß du nicht gestört wirst – von Telefon, vom Fax oder von anderen Unterbrechungen. Und versuche immer mehr Dinge aus deinem Leben zu verbannen, die dich belasten und deinen inneren Frieden stören.

Zeit für sich selber finden.
Zum Beispiel, indem man früher aufsteht – und die Ruhe im Haus genießt.

Alte Plätze besuchen, an denen man früher war – die alte Schule, den Wald, in dem man als Kind gespielt hat, das Haus von Freunden.
Gute Erinnerungen beleben.

Nimm dir ein Ziel vor.
das nicht anderen nützt
– deinen Kindern, deinem Partner –,
sondern ausschließlich dir.
Denk dir ein Hobby aus.
Lern eine neue Sprache.
Zum Beispiel.

Nicht vor sich davonlaufen,
sondern bleiben.
Aber die Perspektive wechseln:
„Die tatsächliche Entdeckungsreise
besteht nicht darin,
neue Landschaften zu suchen,
sondern neue Augen zu haben.“
(Marcel Proust)

Nicht auf Äußerlichkeiten fixiert sein:
„Es ist besser,
Ehrung zu verdienen
und sie nicht zu erhalten,
als geehrt zu werden,
ohne es zu verdienen."
(Mark Twain)

Wir alle wollen geachtete Leute sein,
und in dem Moment,
in dem wir etwas sein wollen,
sind wir nicht länger frei.
(J. Krishnamurti)

Es gibt neun Dinge für ein ausgefülltes Leben:
Gute Gesundheit, die Arbeit zu einem Vergnügen macht; ausreichende Mittel, um die Bedürfnisse zu befriedigen; Kraft und Stärke, die uns helfen, Schwierigkeiten zu besiegen und sie zu überwinden; Anstand genug, die eigenen Sünden zu beichten und sie aufzugeben; Geduld und Ausdauer genug, bis das Ziel erreicht ist; genug Nächstenliebe, um das Gute in deinen Mitmenschen zu sehen; genug Liebe, die dich anleiten wird, anderen zu helfen und ihnen zur Seite zu stehen; genug Glaube, um die Worte Gottes Wirklichkeit werden zu lassen; genug Hoffnung, um alle Sorgen und Ängste vor der Zukunft abzulegen.
(J. W. von Goethe)

Du bist dir selbst am nächsten.
Vierundzwanzig Stunden am Tag.
Grund genug,
dich selbst zu mögen.
Und zwischendurch
die selber auch ein Fest auszurichten.

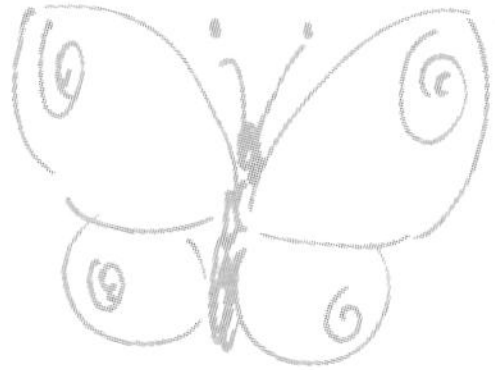

Veränderung annehmen.
Gerade in ihnen kann das Glück liegen.
Ein Zenmeister hat gesagt:
Mit dem Wandel umzugehen,
ist ganz einfach:
Tauch selbst mittenhinein,
beweg dich
mit der Bewegung der Veränderung,
schwing dich ein
und mach einen Tanz daraus.
(Nach Allan Watts)

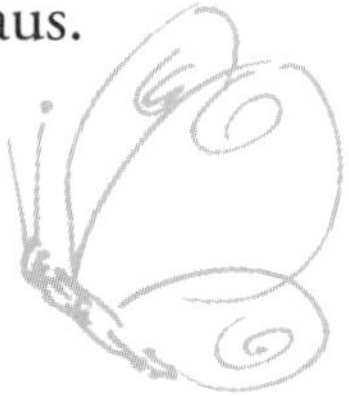

Zuhören. Aber nicht nur anderen.
Werde ruhig.
Nur so kannst du
deine innere Stimme hören.
Schärfe dein Gehör.
Das Glück klopft leise an.

Aufmerksam sein auf anderes.
Nur wer sich selber nicht absolut setzt,
wird die Antworten des Lebens verstehen.

Ich bin jemand.
Ich bin ich.
Ich mag es, ich zu sein.
Und ich brauche niemanden,
der mich zu jemand macht.
(Louis L'Amour)

Das Wichtigste in der Welt
ist es zu wissen,
wie man zu sich selber findet.
(Michel de Montaigne)

Unsere Sehnsüchte,
unsere Vorstellungen von dem,
was unser Glück ist,
wachsen mit uns.
Unsere Träume ändern sich.
Hör nicht auf, zu träumen.

Lebe dein Leben wie ein Abenteurer.
Denn Leben ist ein Abenteuer.
„Ein Schiff, das im Hafen liegt, ist sicher.
Aber dafür sind Schiffe nicht gebaut.“
(William Shedd)

Suche dir ungewöhnliche Ziele,
schöpfe deine ungeahnten Möglichkeiten aus,
geh in Richtung deiner Träume:
„Ziele den Mond an.
Auch wenn du ihn verfehlen solltest –
du wirst unter Sternen landen.“
(Les Brown)

Bleib Neuem gegenüber offen:
„Wo kämen wir hin,
wenn jeder sagte,
wo kämen wir hin
und keiner ginge,
um zu sehen,
wohin wir kämen,
wenn wir gingen.“
(Überlieferte Weisheit)

Daß sie in einem Paradies gelebt haben,
merken viele erst,
wenn sie daraus vertrieben werden.
Mach dir jeden Tag klar,
wie gut du es heute schon hast.
Gib dem Negativen keinen Raum.

Auch bei kleinen Dingen:
Laß andere spüren,
daß du mit deinem Herzen,
deiner Seele,
deinem Geist
ganz anwesend bist.
Sei ganz,
wo immer du bist.

Gefühle herauslassen –
auch wenn man wütend oder sauer ist.
Sind sie einmal benannt und ausgedrückt,
so verschwindet der Ärger.
Drücke aber auch gute Gefühle aus.
So läßt man andere an der eigenen Freude
teilhaben, und das Glück wird verstärkt.

Auch aus Freude darf man weinen.
Tränen zeigen,
was im Tiefsten in uns vorgeht.
Teile dich mit.
Laß andere auch deine tiefste Freude sehen.
Sie bewegt – dich und die andern.

Dankbar sein: Es ist unmöglich, dankbar
und zugleich unglücklich zu sein.

Glück hat keine Ursache.
Wenn dich nichts und niemand
verletzen kann,
kein Mensch und kein Vorkommnis,
dann bist du glücklich.
(Anthony de Mello)

Zieh dich in Gedanken
an irgendeinen Ort zurück,
an dem du glücklich warst.
Nimm den Ort in allen
Einzelheiten auf:
den Ausblick, die Geräusche,
die Gerüche, einen Geschmack,
eine Berührung.
Beobachte, was du fühlst.
Kehre dann in die Wirklichkeit zurück.
Was fühlst du?
Beobachte den Unterschied.
(Anthony de Mello)

Im Hier und Jetzt

Wenn du glücklich sein möchtest,
lebe!
(Leo Tolstoi)

Frage eines Kindes:
„Was für eine Zeit würde es sein,
wenn alle Uhren angehalten würden?"

„Ihr habt die Uhren.
Wir haben die Zeit",
hat ein tibetischer Lama zu einem
westlichen Besucher gesagt.

Glück hebt die Zeit auf.
Und die Hetze.

Versuch alles so anzuschauen, als würdest du es in diesem Augenblick das erste mal sehen. Dein Leben wird nicht mehr das gleiche sein.

Achte auf die verschiedenen Zeiten
eines einzigen Tages:
die Zeit der Morgendämmerung,
die Zeit der frühen Morgenstunden,
des hohen Mittags,
der Dämmerung,
der heraufdämmernden Nacht.
Jede hat ihre besondere Qualität.

Verschlaf dein Glück nicht.
Der jetzige Augenblick,
dieser Moment, ist gut,
wenn du nur etwas mit ihm anzufangen
weißt.
„Das Glück liegt immer vor einem.
Aber die Menschen suchen es
irgendwo
in der Ferne."
(Mencius)

Liebe – der Inbegriff von Glück – kennt
keine Zeit.
Sie hat Zeit.
Sie kennt keine Hast,
keinen Aktivismus,
kein Diktat der Termine:

„Wir lassen alle Uhren zerschlagen, alle Kalender verbieten und zählen Stunden und Monde nur nach der Blumenuhr, nur nach Blüte und Frucht.“ (Georg Büchner)

Blaise Pascal: „Wir leben nicht, sondern wir hoffen, irgendwann einmal zu leben“.
Die Antwort des erfolgreichsten Lebensberaters, Dale Carnegie: „Sorge dich nicht, lebe!“

Ergebnis einer amerikanischen Umfrage:
Je mehr man über das Glück nachdenkt und redet –
desto geringer die Chance, daß man wirklich glücklich ist.
Diskutiere nicht, lebe.

Genieße das Heute: „Denke daran, daß nur die Gegenwart real ist und der heutige Tag nicht ein zweites Mal kommt.“ (Arthur Schopenhauer)

Hetze lohnt nicht. Die Mystiker haben nichts anderes gemeint:

„Halt an,
wo läufst du hin?
Der Himmel ist in dir.
Suchst du ihn anderswo,
fehlst du ihn für und für.“
(Angelus Silesius)

Das Glück ist nur in uns zu finden. Vor uns selber können wir auch nicht davonlaufen. Beides ist in uns selbst: Wovor wir uns fürchten – und wonach wir uns sehnen.

Wir sollten die Zeit nicht vertreiben.
Wir sollten uns an sie halten –
und sie genießen.
Nicht erst morgen.
Nicht erst im Urlaub.
Jetzt.

Alles, was wichtig ist,
braucht seine Zeit, braucht Gegenwart
und wird durch Hetze verdorben.
Liebe braucht Zeit.
Freundschaft braucht Zeit.
Ein gutes Gespräch braucht Zeit.
Gegenwärtig sein!

Nicht dem Glück nachrennen,
es nicht in Dingen
oder irgendwo anders suchen –
bei sich selber fündig werden.
Nicht der Liebe nachjagen –
liebenswürdig *sein*.

Chinesisches Sprichwort:
„Höre nicht auf das,
was die anderen sagen.
Geh hin und sieh selber.“

Keiner weiß, wozu er fähig ist, bis er es ausprobiert. Den Kuchen kann nur genießen, wer ihn auch wirklich probiert.

„**W**enn uns die Verzweiflung überkommt, liegt das gewöhnlich daran, daß wir zuviel an die Vergangenheit und die Zukunft denken.“
(Thérése von Lisieux)

Genieße die Gegenwart – das ganze Leben ist immer nur Gegenwart.

Es ist keine Frage der Zukunft oder der Hoffnung: Glücklich kann man nicht *werden*, nur *sein*.

Glück ist nicht das komplizierte Resultat einer langen Suche.
Es ist das Ergebnis einer Entscheidung, hier und jetzt.

Das Glück liegt auf der Hand.
Es ist vor deinen Augen –
fast jeden Augenblick.
Sei achtsam,
versuche das Sehen und das Staunen neu
– jeden Tag.
Wer staunt, kann nicht unglücklich oder traurig sein.

Pflücke den heutigen Tag.
Das ist der Apfel der Erkenntnis:
Das Paradies ist jetzt.

Der ganze Weg zum Himmel – ist Himmel. (Katharina von Siena).

Lebe den Augenblick! Jemand hat auf das Paradox hingewiesen, daß Millionen Menschen, die nicht wissen, was sie an einem verregneten Sonntagnachmittag mit sich anfangen sollen, sich nach Unsterblichkeit sehnen. Ewigkeit ist jetzt!

Achtsamkeit ist der Weg zur
Unsterblichkeit,
und Gedankenlosigkeit der Pfad zum Tod.
Die Achtsamen sterben nicht,
aber die Gedankenlosen
sind schon jetzt wie der Tod.
(Dhammapada)

„Wer glücklich ist,
der darf keine Furcht haben.
Auch nicht vor dem Tode.
Nur wer nicht in der Zeit,
sondern in der Gegenwart lebt,
ist glücklich."
(Ludwig Wittgenstein)

Trauere der Vergangenheit nicht nach.
Jetzt ist die Zeit,
von der du in zehn Jahren sagen wirst:
Ach, die gute alte Zeit.

Unsere Zeit zu leben ist so kurz.
Tu, was dir wirklich wichtig ist.
Geh deinen Träumen nach.
Bleib nicht bei Plänen stehen.
Wir haben nur diesen Augenblick
Es ist nie zu spät,
seine Träume zu leben.
Lebe sie jetzt!

Mach heute etwas Verrücktes:
Singe.
Tanze.
Tanze aus der Reihe.

Leben ist immer jetzt.
Es gibt niemals ein Später.
„Tu alles in deinem Leben so,
als wäre es das letzte.“
(Marc Aurel)

In diesem Augenblick das Beste zu tun,
bringt dich in die beste Ausgangslage
für den nächsten Moment.
(Oprah Winfrey)

Diesen Tag gut gelebt –
macht den morgigen
zu einer Vision der Hoffnung.
(Anonym)

Zuwenig Zeit für die Freuden des Lebens? Glück braucht nicht mehr Zeit als das Unglück.

Zu viel Streß? Ständig irgendwelche Anrufe, Anforderungen von außen? Versuche es mit einer „Telefonmeditation“: Wenn das Telefon klingelt – nimm es als Aufforderung zum Entspannen. Bevor du zu anderen kommst: Erst einmal zu dir selber kommen, ruhig werden, lächeln. So viel Zeit muß sein! Und dann lächelnd den Hörer nehmen.

Friede ist nicht irgendwo, nicht irgendwann. „Innerer Friede ist in uns selber. Wir können ihn immer und jederzeit erreichen, hier und jetzt, vierundzwanzig Stunden am Tag. Er ist uns so nah, wie das Wasser für die Welle im Meer. Du mußt nur tief genug sehen und es dir bewußtmachen, was dein innerstes Wesen ist." (Thich Nhat Hanh)

„Das Glück, welches andauert,
ist Unglück."
(M. Schwob)
Glück ist auf Erden nicht ewig.
Freue dich jetzt, solange du Grund hast dazu.

Ein neuer Tag:
voller Möglichkeiten.
Zum Glück.

Heute
ist der erste Tag
vom Rest deines Lebens.
Heute ist ein guter Tag.
Gib dem Glück
eine Chance.
Heute.

Anton Lichtenauer
Hol dir einen Stern vom Himmel
Lebenskunst für hier und jetzt
Band 7021
In dir selber ist der Stern des Glücks. Genießen und sich an den kleinen Dingen freuen – das ist Lebenskunst.

Nossrat Peseschkian
Es ist leicht, das Leben schwer zu nehmen.
Aber schwer, es leicht zu nehmen.
Geschichten und Lebensweisheiten
Band 5389
Manche Dinge lassen sich nicht ändern und die, die sich ändern lassen, sollte man gelassen angehen. Der Autor zeigt überraschend und pointiert: ein erstes Lachen kann die Perspektive verändern.

Nossrat Peseschkian
Klug ist jeder. Der eine vorher, der andere nachher.
Geschichten und Lebensweisheiten
Band 5370
Manche Erfahrungen muss man nicht selber machen, um daraus zu lernen: Wie wir alltäglichen Fallstricken entgehen können.

Nossrat Peseschkian
Wenn du willst, was du noch nie gehabt hast,
dann tu, was du noch nie getan hast
Geschichten und Lebensweisheiten
Band 5201
Witzige Szenen bewirken oft ein Aha-Erlebnis und öffnen den Blick für ganz neue, befreiende Lebensmöglichkeiten.